지방신문 개혁론

; TK언론의 실상과 대안

지방신문 개혁론

; TK언론의 실상과 대안

김영재

사람이 한울님[天主]을 모셨으니[侍], 사람 역시 한울님이로다[人乃天].

이담 Books

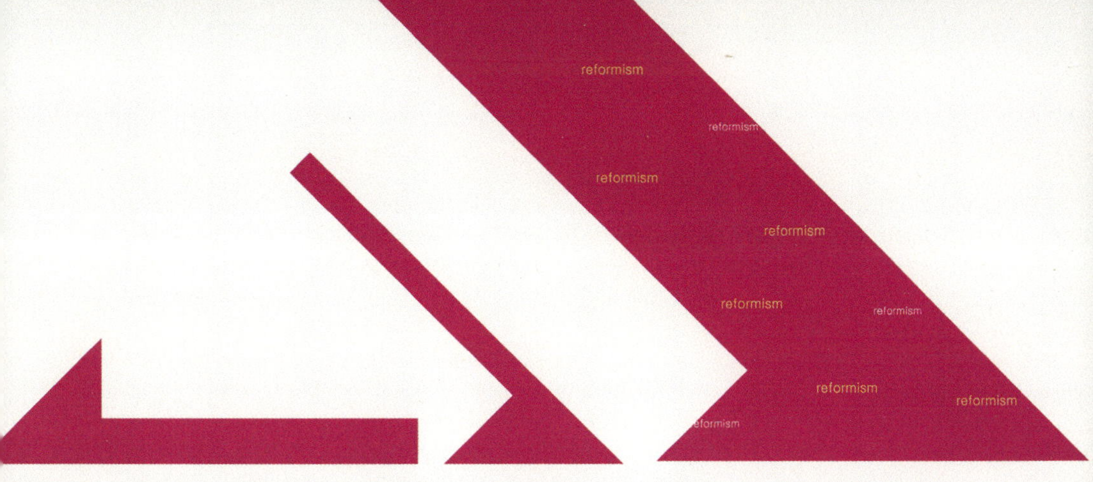

사람[人]이 한울님[天主]을 모셨으니[侍], 그 사람 역시 한울님이로다[人乃天]. 사람은 한울님을 떠날 수 없고 한울님은 사람을 떠날 수 없다[人不離天 天不離人]. 사람이 바로 한울이요 한울이 바로 사람이니, 사람 밖에 한울이 없고 한울 밖에 사람이 없도다[人是天 天是人, 人外無天 天外無人]. 그러므로 사람 섬기기를 곧 한울님과 같이 하라[事人如天].

    - 海月 崔時亨, 『海月神師法說』 -

내가 시민언론의 창간에 뜻을 둔 지는 올해로 스무 해가 넘는다. 나는 1987년 11월에서 이듬해 10월까지 대구지역에서 <한겨레신문>의 창간에 동참했다. 그 후 오늘에 이르기까지 언론개혁 일꾼을 자임하며 '사람의 언론' 창간을 위해 분투해 왔다.

내가 꿈꾸는 매체는 단순한 신문이 아니다. 사람이 사람대우 받으며 사람답게 살아갈 언론제도다. 매체는 돈이 주인이 아니라 사람이 주인이어야 한다. '사람의 언론'은 평등과 박애를 기본 이데올로기로 한다. 따라서 매체는 소수의 언론인이 독점하는 것이 아니라, 독자가 편집과 경영에 참여한다. 독자는 매체를 소비하며 동시에 뉴스를 생산한다.

나는 시민언론의 창간 제안자로서, CEO로서 시민언론을 창간하고 틀을 다지며, 또 과학적 경영으로 본궤도에 올려 "신문산업도 블루오션"이라는 사실을 보여주고 싶다. 무릇 사람은 꿈꾸는 대로 이뤄진다고 했다. 언젠가는 나에게도 오랜 '꿈'을 실현할 기회가 반드시 있으리라 믿는다. 그런 의미에서 이 소책자 또한 나의 또다른 '자기소개서'다.

대구경북 지역사회는 아직도 '제5공화국'에서 해방되지 못했으며,

그 패러다임에 매몰돼 있고, TK언론은 '5공언론'의 정체성에 안주해 있다. TK학계마저 개혁에 저항하는 지역사회 이데올로기의 포로로 전락해 학문의 진보란 꿈도 꾸지 못하는 실정이다. 그것은 언론이 '수구'를 '보수'로 '보수'를 '진보'로 여기고, 사회를 진단하며 인식하기 때문이다.

이제 사람이 사람대우 받는 '사람의 언론' 건설로 새 세상을 열어야 한다. 이 책은 말로만이 아니라 냉철한 현실적 대안으로 지방신문 개혁론과 그 대안을 제시한다. 언론이 우물 안에 갇혀 있으면서도 그 사실을 인식하지 못하면 우리는 결코 우물 밖 세상으로 나갈 수 없다. TK사회와 TK언론의 현실이 바로 그러하다. 지방언론개혁과 민주언론 건설 운동을 펴왔던 나는 졸저 『시민언론 창간론』의 출판을 계기로 지역사회의 시민언론 창간운동을 제안하는 글을 독자 여러분께 전한다.

이 책의 구성은 육하원칙에 따랐다. 첫째 장은 '언제'다. 신문이 처한 현실을 진단하고, 그 실질적 대안을 제시한다. 둘째 장은 '어디서'다. 성공적인 신문창간에선 지역사회의 과학적인 분석과 치밀한 사전 조사 없이는 불가능하다. 셋째 장은 '무엇을'이다. 지역언론의 정체성을 탐구함으로써 신문창간의 도덕성과 명분 확보를 위한 터닝 포인트를 확보한다. 넷째 장은 '누가'이다. 새 신문 창간 주체로서의 '사람의 문제'를 담론으로 한다. 다섯 째 장은 '왜'이다. 지역언론의 과학적 분석을 통해 경영합리화를 달성할 공격적 마케팅의 단초를 잡을수 있다. 여섯 째 장은 '어떻게'이다. 신문창간의 구체적인 목표와 실무를 안내하는 글을 담았다.

'정체성'의 늪에 빠진 TK사회에서 시민언론의 창간은 거대한 변혁을 몰고 올 '태풍의 눈'이다. 이 책은 비록 TK사회의 예를 들어 지방신문의 대안언론 건설을 제안하지만 한 꺼풀만 벗기면 대한민국 지역사회는 오십보백보다. 따라서 타 지역사회에서도 이를 벤치마킹한다면얼마든지 독자적인 시민언론을 건설할 수 있으리라 믿는다.

모쪼록 이 책을 통해 시민언론이라는 획기적인 언론제도를 실험하는 나의 언론 프로젝트가 성공할 수 있도록 독자 여러분의 많은 성원을 기대한다.

단기 4343년 5월 15일
61,472명의 민중이 세운 <한겨레신문> 창간 스물두 돌
언론유학 김영재

✻ 차례

경 도 일 보

경북도민일보

경상매일신문

경북매일신문

경북일보

大邱慶北

* 여는 글: 신문개혁은 사회개혁이다

필자는 지역사회에서 지난 89년부터 새 신문의 창간운동을 주창해왔다. "어떤 신문을 만들 것인가"는 지난해 10월 『시민언론 창간론; 언론의 미래와 전략』(한국학술정보(주)·2009)이라는 책을 통해 낱낱이 밝혔다. 이제 그 연장선상에서 글을 시작하기에 앞서 먼저 군더더기 말부터 한마디 덧붙이고 나서 지역사회에 담론을 제시하려고 한다. "金榮在의 地方新聞 改革論"은 TK신문의 실상과 대안이라는 그 부제가 상징하듯 지역사회에서 "어떻게 새 신문을 만들 것인가"에 대한 화두를 제시하는 글모음이다. 따라서 이 책은 『시민언론 창간론; 언론의 미래와 전략』이 확장된 것이며, 그 자매지이자 동시에 부교재라 할 수 있다. 독자 여러분께 이 책과 위의 책을 함께 읽을 것을 권유하며 글을 전개한다.

〈사진 1〉『시민언론 창간론』 표지

기존 언론으론 신문개혁 불가능

필자가 왜 주야장천 허구한 날 '신문창간'을 외치느냐 하면, 그것이 신문개혁의 꽃이요 신문경영 합리화·과학화의 완성이기 때문이다. 물론 기존 언론의 개혁을 통한 시민언론의 구현도 가능하다. 그러나 여기엔 비용과 시간의 투자라는 과다지출이 불가피하다. 신문창간에 소요되는 비용이 100이라면 신문개혁엔 350이, 신문창간이 1년에 완성된다면 신문개혁은 최소한 5년이 요구된다. 경영효율성에서 개혁을 달성해 내기란 그만큼 어렵고 비생산적이란 얘기다.

당장 기존 언론인들의 고루한 세계관, 반언론적인 언론관이 개혁의 걸림돌로 작용한다. 이들에게 21세기의 저널리즘과 저널리스트를 얘기하기 위해선 철옹성과 같은 강고한 의식구조를 타파하고, 그 저항을 뚫어야 한다. 즉 끊임없는 재교육이 요구된다. 곧 신문기업으로선 교육비의 부담이라는 자본의 투자가 불가피하다. 문제는 그 효과가 기대난이라는 점이다.

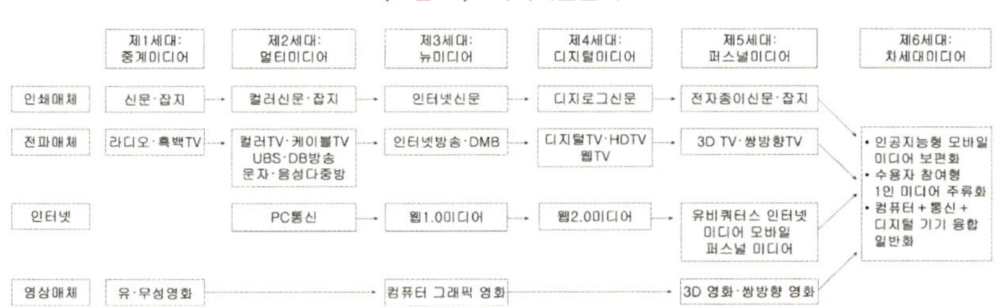

〈그림 1〉 미디어발달사

21세기의 저널리즘이 시장에서 생존하기 위해선 위의 <그림 1>에서 보듯이 신문은 최소한 제4세대 언론으로 기능해야 한다. 따라서 언론인들 또한 어느 한 분야에서 전문성을 지닌 바탕 위에 그 본연의 일인 취재＋편집＋교열＋사진은 물론 인터넷 운용, 방송제작까지 수행할 능력을 지녀야 한다. 제너럴리스트에서 스페셜리스트가 되질 않고선 저널리스트라 할 수 없다(김영재, 2009, 320~306쪽).

신문기업의 인적 구조가 지나치게 기형적이다. 우선 신문기자가 부족하다. 이는 기존 언론이 부실화를 치닫는 가장 큰 직접적인 원인이다. 반면 기자직을 제외한 인원은 50% 이상이 잉여인력이다. 경영정상화가 될 리 없다. 필자가 CEO라면 당장 정원은 동결하되, 비기자직 인원의 구조조정으로 기자 충원을 단행하겠다. 최소한 업무에 소요될 적정 인원을 구비하여야만 신문의 품질을 논할 수 있다.

편집국을 통합뉴스룸 체제로 개혁하고, 저널리스트로서의 전문성을 담보한 언론활동을 제도적으로 보장하기 위해 대기자·전문기자제 도입을 활성화해야 한다. 데스크는 에디터·팀장제로 개편해 신문관리에 혁신을 꾀한다. 급여의 현실화로 언론인들의 자긍심을 높일 필요가 있으며, 미국식 인사제도의 확립으로 고용의 유연성을 확보해야 한다. 조직을 아날로그 체제에서 디지털 체제로의 개편해 인력을 재배치한다.

신문의 품질향상을 위한 지면개혁은 발등의 불이다. 우선 내용적으론 뉴스가 정보와 기사라는 구각의 껍질을 깨뜨려야 한다. 뉴스의 콘텐츠화로 맞춤뉴스, 쌍방향뉴스 등 부가가치를 극대화한다. 외부 전문 인력을 대폭 활용해 지면을 풍부하게 하면서 동시에 외형적으론 판형개혁으로 효율적인 경제성을 담보해야 한다.

경영에서는 능동적이고 창의적인 공격경영을 한다. 뉴미디어 진출과 아날로그 미디어의 활성화를 통한 사업다각화의 전개로 신문경영의 과학화를 추구한다. 편집국을 제외하고 판매와 광고, 시설 등에서 타사와의 공동경영 등을 주도적으로 실시함으로써 선진적인 신문경영의 정착화를 도모한다.

20여 년 인고한 새 신문 창간운동

기존 언론을 통한 이와 같은 신문개혁으로 21세기가 요구하는 매체를 창조해 내기란 구조적으로나 현실적으로 거의 불가능하다. 필자가 신문창간을 주창하는 근본적인 연유는 여기에 있다. 필자는 지방언론개혁과 그 실천적 대안으로 민주언론건설운동을 '나 홀로' 전개해 오고 있다. 하루 이틀도 아니고 올해로 스무 해를 넘겼다. 그러나 운동은 한 치도 앞으로 나가지 못했다. 강산이 두 번이나 바뀌도록 동지를 만나지 못한 탓이다. 그동안 지역사회에서 소위 말하는 진보적 지식인·언론인·문화인·종교인·교육자·법조인 등을 무수히 만났다. 결국 동지화하는 데는 실패했다.

사람들은 '개혁'이란 담론에는 입에 게거품을 물고 열정적인 담론을 쏟아냈다. 그 실질적 대안에 이르러서는 하나같이 꼬리를 내렸다. 그것은 개혁과 진보를 팔아 먹고사는 기회주의 때문이라고 단정하고 비판하지 않을 수 없다. 개혁에 사심이 개입되어 있으니까 진짜 개혁은 외면한다. 문제는 이 사이비 개혁 전도사가 내뱉는 '개혁 공해'다. 사과상자 속의 썩은 사과처럼 홀로 부패하는 것이 아니라 참 개혁 운동가들을 급속히

〈사진 2〉 〈용덕일보〉 창간호

〈MBC〉 수목드라마(2009년 11월 18일~2010년 1월 14일 방송종료) 「히어로」에서 창간한 드라마 속의 신문 〈용덕일보〉. 참 언론과 참 언론인이 지향해야 할 가치와 덕목을 진지하게 보여줬다. 박지숙 극본, 김경희 연출.

오염시키고 부패시킨다는 데에 문제의 심각성이 있다.

비록 제도권 언론으로부터는 '3류 찌라시 신문'이라고 매도되었지만 진정한 참언론의 정형을 보여줬던 <MBC> 수목드라마 「히어로」에서의 <용덕일보>와 같은신문은 새 신문 창간의 요체를 단적으로 말해 준다. 필자가 신문창간을 제안하면 흔히 이야기하기를 "돈 있냐?"부터 먼저 묻는다. 이는 앞뒤가 뒤바뀐 처사다. 신문에선 돈보다 사람이 먼저다. 돈이 신문을 만들면 돈 없으면 신문이 망하지만, 사람이 신문을 만들면 돈 없어도 신문은 망하지 않는다.

돈을 외면하거나 간과할 수는 없다. 현실적으로 자본이 뒷받침되지 않으면 신문창간은 일궈 낼 수 없다. 사람과 돈은 양 수레바퀴와 같다. 어느 쪽 하나 소홀히 할 수 없다. 굳이 일컫는다면 결코 돈이 사람보다 앞서서는 안된다는 점이다. 대중가요 가사처럼 사람 나고 돈 났지, 돈 나고 사람 난 것은 아니다. 사람이 돈을 써야지 돈이 사람을 써서는 안된다. 이는 엄청나게 판이한 결과를 빚는다. 사람이 돈을 쓰면 사람을 위해 쓰지만, 돈이 사람을 쓰면 돈을 위해 쓰게 된다. 6·29 이후 언론민주화 시대에 창간한 새 신문이 모조리 시장연착륙에 실패한 이유는 창간자본의 사용주체가 뒤바뀐 탓이다. 창간자본을 사람을 위해 쓴 것이 아니라 돈을 위해 썼다. 이는 주객이 전도된 현상이었다. 따라서 시장실패는 너무나 자연스럽다. 모름지기 새 신문 창간 자본주는 이와 같은 메커니즘을 제대로 이해한 후 신문창간을 도모해야 하는 이유다.

필자는 이런 생각에 동의하는 사람 대여섯 명만 있으면 기꺼이 신문을 창간할 수 있다. 또 그 방안도 있다. 현실에선 불행히도 여태껏 단 한 사람도 만나지 못했다. 인재를 구한답시고 제도권 재야권을 가리지 않고 쫓아다니며 사람들을 찾았다. 지난 21년간 줄곧 돈을 찾은 게 아니라 사람을 찾았다. 이제 그 운동의 방법을 달리하여 필자의 1인 미디어인 "大邱新聞研究院 커뮤니케이션&저널리즘 블로그(blog.naver.com/tgpress)"에 의존해 시민언론 창간동지를 만나고자 한다.

<사진 3> 대구신문연구원 블로그(blog.naver.com/tgpress)

새 신문이 지역언론 개혁의 본질

필자의 새 신문 창간 주장에 독자 여러분은 신문홍수·신문공해 등을 들며 반론을 제기할지 모른다. 그렇다. 오늘날 신문홍수며 공해라는 신문과잉에 전적으로 동의한다. 필자는 그 사실을 명백히 인식한다. 그러면서도 새 신문 창간을 포기하지 않는다. 결코 우리 사회에 또 하나의 신문공해를 더할 생각은 눈곱만큼도 없다.

대구경북 지역만 해도 2010년 1월 현재 대구서 <매일신문>, <영남일보>, <대구신문>, <대구일보>, <동국일보>가, 경산에서는 <경상매일신문>이, 포항에서는 <경북매일신문>, <경북일보>, <경북도민일보>, <일간대구경북>이, 경주에서 <경도일보>가 발행된다. 무려 11개의 종합일간지다. 이쯤 되면 지역사회의 경제적·문화적 역량에 견줘 언론시장이 차고 넘친다고 할 수 있다. 언론자유의 범람과 남용을 심각히 우려해야 할 형편이나, 실제에 있어선 이상하리만치 잠잠하다.

시장에서의 과열경쟁으로 제살 뜯기에 죽을 지경이라는 비명이 귀청을 찢어야 함에도 쥐죽은 듯 적막강산이다. 왜 그럴까? 언론시장의 기형적 구조 탓이다. 겉으론 과열경쟁이나 속에선 아무런 경쟁이 없다. 5공 시대의 언론시장 독점형태가 고스란히 이어진다.

지방언론에겐 대단히 미안하고 실례된 얘기지만 11개의 신문 가운데 현실적으로 신문 구실을 하는 것은 하나둘에 불과하다. 신문의 기능과 역할을 수행하지 못하는 언론은 당장 내일 문 닫는다 해도 지역사회에 미치는 영향력이 전무하다. 다만 해당 신문사 종사자들만 애통해할 따름이다. 따라서 대부분의 지방신문은 무늬만 신문일 뿐이지 실제론 언론이 아니다. 이들은 제호만 다를 뿐 그 내용은 모두가 하나같다. 제1지를 중심으로 일사분란하게 언론행위를 수행한다.

이처럼 왜곡된 지방언론 시스템으로 언론자유는 한 치도 앞으로 나가지 못하고, 정체된 물속에서 썩어 간다. 필자는 새 신문의 창간으로 수구언론이 보수신문으로, 보수언론이 진보신문으로 행세하는 현실을 타파하고자 한다. 따라서 새 신문의 창간은 지방언론개혁운동의 실질적 대안이자 참 언론인과 민주시민이 구현해야 할 시대적 사명이다. 지방언론개혁은 곧 지역사회개혁의 완성을 의미한다.

'제2의 신'이라는 미디어 영향력

그러면 왜 이 시점에서 다시 언론개혁인가 하는 점을 강조하지 않을 수 없다. 인류의 문명이 진보하면 진보할수록, 민주화가 심화되면 심화될수록 언론의 영향력은 확대되고 증대된다. 이에 미국의 언론학자 토니 슈와르츠(Tony Schawrtz)는 미디어를 '제2의 신'이라고까지 했다. 미디어는 마치 공기나 신처럼 인간이 있는 곳이면 어디든 존재하고, 영향을 미친다는 것이다(*"Media; The Second God"*, 1983). 따라서 미디어는 지극히 정상적이어야 함은 상식이다. 그러나 우리 현실에서 마주치는 미디어는 그렇지 못하다.

독자의 존엄 자체를 근본적으로 무시하는 한국언론의 오만과 편견은 이른바 "대통령 만들기"로 나타난다. 한국의 수구언론은 일제히 선거 때가 되면 똘똘 뭉쳐 겉으론 엄정중립을 표방하면서 실제론 철저히 특정 정당 후보의 대통령 만들기 공작보도를 전개한다. 지방언론은 기꺼이 이를 벤치마킹한다. 지자체 선거에서 특정 정당 지지를 노골화하는 것이다.

언론의 특정 정당 싹쓸이 당선 공작은 여론조사보도를 빌미로 한다. 유권자 전체의 대표성을 결코 대표한다고 할 수 없는 극소수의 소규모 특수집단을 표본집단으로 선정하고, 그나마 언론이 지지하는 특정 후보 지지를 유도하는 질문지를 통해 조사한 자료를 마치 전체 유권자의 뜻인양 보도한다.

여론조사보도가 얼마나 엉터리인가는 하는 것은 제17대 대통령선거 과정에서 어느 여론조사회사가 같은 날, 같은 방법, 같은 대상으로 여론조사한 결과가 의뢰한 신문사에 따라 정반대의 수치로 조사돼 나온 적이 있다. 문제는 한국언론의 이와 같은 엉터리 여론조사보도를 일반

유권자나 독자가 눈치채기 어렵다는 것이다.

언론은 또 선거 이전에 이미 특정 지지 후보를 선정하고 어느 후보가 앞서가고, 어느 후보가 추격 중이라는 경마저널리즘으로 선거의 근본 자체를 왜곡한다. 유권자들은 언론이 일방적 잣대로 설정한 프레임을 자신도 모르게 무비판적으로 수용하게 된다. 즉 언론이 1위 후보로의 표 쏠림 현상을 유도하고, 대중들은 기꺼이 동의를 하게 되는 것이다. 따라서 언론의 여론조사보도와 경마저널리즘을 제대로 파악할 수 없으면 수구언론의 선거공작 왜곡보도의 음모를 제대로 파헤치기란 불가능하다.

교육자는 교육으로, 언론인인 필자는 언론으로 세상을 바꾼다고 한다. 사회개혁에서 어떤 것이 보다 효율적인 전술전략일지는 알 수 없다. 다만 분명한 것은 현재의 언론구도가 바뀌지 않으면 결코 사회개혁은 일궈낼 수 없다는 사실이다. 온 국민이 이미 수구언론이 정해 놓은 눈으로 사물을 보는 데 어찌 '민주적인 선거의 기적'을 일궈낼 수 있을까 말이다. 혹자는 '노무현 대통령 당선'을 들어 참 민주주의의 승리를 장담할지 모른다. 이는 너무나 순진한 생각이다. 과연 출마자가 '노사모'와 같은 열정적인 지지집단을 지녔느냐는 점을 먼저 생각해보면 그 해답은 자명하다.

수구세력은 공적인 영역의 방송마저 조직적으로 장악하러 나섰다. 수구세력이 종합편성채널·보도전문채널 등을 통해 매스컴 재벌화를 완성한다면 일본 자민당의 60년 집권과 베를루스코니의 탄생도 시간문제다. 한국의 민주주의가 일본의 민주주의처럼 3류 민주주의로 전락하는 것이다.

"金榮在의 地方新聞 改革論"은 새 신문의 건설로 이와 같은 언론 현상을 미리 극복하자는 담론을 공식적으로 제기한다. 이는 지역사회의 공론장이 귀담아 들어야 할 시대적 사명이다. 이미 지역사회의 수구언론은 6·2지방동시선거를 맞아 "시장 만들기" 공작보도가 치열하다. 뿐만 아니라 교육마저 정치에 오염시키는 어느 후보를 차기 교육감으로 옹립한 듯 노골적인 보도로 포장하기에 급급하다. 이 진실의 벽을 깨뜨려야 교육이 살고, 대구가 산다.

지방언론개혁이 곧 지역사회개혁의 완성이라는 의미는 여기에서 기인한다. 필자는 독자 여러분과 함께 그 운동을 함께 할 것을 제안한다. 시인 신동엽은 "껍데기는 가라. 알맹이만 남으라"고 했다. 아무리 척박한 땅이라 할지라도 필자의 생각과 함께하는 알맹이 대여섯 정도는 있을 것이다. 그 소중한 씨앗을 바탕으로 지방언론개혁의 실질적 대안인 민주언론건설을 이룩해내고자 한다.

끝으로 미리 고백하면 이 글은 때론 매우 거칠고, 또 때론 매우 비판적이며, 때론 지역언론학계와 언론계를 필자의 설익은 일방적 잣대로 매도하기도 한다. 열악한 환경을 묵묵히 감내하면서 성실하게 참언론인의 길을 걷고 있는 많은 언론동지, 또 연구실의 희미한 형광등 불빛 아래서 뼈를 깎는 고통으로 학문을 연마하는 많은 학자들에게 그 명예와 자존심을 훼손했다면 미안한 마음을 전한다. 다만 이 글이 분수 넘게 과격한 것은 언론에 대한 애정이 그만큼 짙고 격정적인 것을 달리 표현한 것이라고 이해해 주십사 한다.

시인 신동엽은 "껍데기는 가라. 알맹이만 남으라"고 했다. 아무리 척박한 땅이라 할지라도 알맹이는 분명 있을 것이라는 게 필자의 확신이며 소신이다. 비록 타 지역보다는 키질을 좀 더 오래 해야겠지만, 알맹이는 적다 하더라도 반드시 대여섯 알 정도는 있을 것이다. 그 소중한 씨앗을 바탕으로 지방언론개혁의 실증적 대안인 민주언론건설을 이룩해 내고자 한다. 강호의 제현 독자들에게 폭넓은 관심을 촉구하면서 삼가 여는 글을 드린다.

<☺ 2010. 1. 15.>

1 왜 시민언론인가

언론은 시대를 비추는 거울이자 사회를 비추는 '창(窓)'이다. 현대인들은 언론으로 사회를 본다. 언론에 먼지가 끼면 사회가 왜곡되게 비친다. 언론이 전하는 사회란 본디 있는 사실을 그대로 전하는 것이 아니라 언론의 시각으로 재가공한 유사사회다. 사람들은 사실이 왜곡된 유사사회를 진실인 양 믿는다. 언론은 사회를 있는 그대로 바르게, 진실하게 비춰 줄 필요가 있다. 언론이 의도적으로 왜곡되거나 그릇되게 비추면 수용자는 '허상'을 '진실'로 받아들이는 결과를 초래한다.

언론을 보면 그 사회의 지성적이고 문화적인 분위기를 엿볼 수 있다. 창문이 넓고 크면 세상이 크게 보일 것이고, 창문이 탁하면 세상도 탁하게 보일 것이며, 창문에 온통 빨간 칠을 해 놓으면 세상은 빨갛게 보인다. 세상을 들여다보는 창인 언론은 투명하게 세상을 있는 그대로 보여줘야 한다. 어떤 것을 감추고 은폐해서는 안되며, 가능한 한 보여줄 수 있는 것은 모두 정확하고 공평하게 보여줘야 한다. 알권리는 국민의 기본적인 '권리'이지만, 이를 충족시켜 주는 것은 언론의 '의무'이다. 국민은 '알권리'를, 언론은 '알릴 의무'를 지닌다(최연구,

2003, 18~19쪽).

언론은 공익을 위한 사회적 제도이다. 그런데도 언론은 청개구리마냥 정반대 방향을 지향한다. 공익적 가치관을 외면하고, 사적 이익 추구를 최우선으로 여긴다. 공익과 사익이 충돌하면 서슴없이 사익을 택한다. 국가나 국민의 이익보다는 언론사주나 언론사의 이익을 먼저 챙긴다. 독자의 이익은 감히 끼어들 틈이 없다. 그것은 한국언론이 저널리즘의 본질은 배우지 않고 자본주의를 거꾸로 받아들인 탓이다. 그로 인해 언론은 부실의 늪에서 헤어날 기력을 상실했다. 중앙지·지방지 가릴 것 없이 한국언론은 모조리 '시한부 생명'을 사는 처지로 전락했다.

💾 언론 초상화

●독자탄압 자행 / ●언론수용자운동 전개 / ●독자신뢰 상실

2009년 5월 23일 새벽 6시 45분께 노무현 전대통령이 경남 김해시 진영읍 봉화산 기슭 부엉이바위에서 투신자살했다. 박연차 리스트와 관련 검찰로부터 수사를 받던 노 전대통령의 서거는 온 국민을 패닉 상태에 빠뜨리게 할 만큼 큰 충격을 줬다. 국민들은 이명박 정부의 주구가 되어 전직 대통령을 죽음으로 몰고 간 정치검찰과 한국언론을 질타했다.

사람을 살리고 인권을 옹호하는 제도이어야 할 언론이 말과 글로써 사람을 해치는 제도로 기능하는 현실은 참으로 섬뜩하다. 국민장이 거행된 7일 동안 500만 인파가 조문한 고 노무현 전대통령의 빈소 현장에선 기자가 신분을 감추고 취재를 해야 하는 지경에 이르렀다. <조

중동>과 <KBS>는 문상객들로부터 '국민의 신문'이 아니라 '권력기관에서 파견된 언론'처럼 차가운 시선을 받았다. 수용자들의 언론불신이 어디에까지 이르렀는가를 극명히 보여주는 사례다.

그에 앞서 2008년 6월엔 세계언론사상 매우 주목할 만한 사건이 연이어 일어났다. 이명박 정부가 검역주권을 포기하고 미국산 쇠고기의 전면적인 수입자유화 조치를 취하자 국민들은 전국 방방곡곡에서 '촛불'을 들고 '재협상'을 요구했다. 제도언론은 광우병을 우려하는 국민들의 목소리에 귀 기울이기는커녕 권력과 합작하여 '촛불집회'를 '불법시위'로 매도하고, "미국산 쇠고기 안전하다"며 기꺼이 미 축산업자의 홍보선전원 노릇도 마다 하지 않았다. 이에 누리꾼들은 USB 모뎀을 이용해 와이브로에 접속, 노트북, 캠코더, 디지털 카메라, PDA, DMB 폰 등 모바일 기기로 '촛불' 현장을 실시간 생중계로 맞섰다. 이는 미디어 주권이 수용자에게로 전이되었고, 원초적인 시민언론이 태동되고 있으며, 나아가 시민언론이 왜 필요한지를 상징적으로 말해 준다.

<사진 4> <조중동> 규탄 낙서

지난 2008년 6·10 100만 촛불대행진에서 시민들은 자유발언을 통해 "<조선>이 신문? 그럼 우린 방송사", "우리가 더 똑똑하다", "너희가 신문이냐?", "닥쳐 <동아>! 종이가 아깝다!", "이제 그만 항복하지? 찌라시" 등 기존 언론에 대한 강한 불만을 토로했다. 사진은 <동아일보> 일민미술관 앞 신문게시대에 시민들이 스프레이로 쓴 "<조중동> 폐간하라"는 낙서.
* 사진제공: 이치열 기자, <미디어오늘> 인터넷판, 2008년 6월 11일자.

또 '촛불' 현장에선 '수구언론의 퇴출'이 당당한 목소리로 제기됐다. "쓰레기언론 간판을 내려라", "<조중동> 찌라시 폐간하라"는 수용자들의 생생한 외침은 한국언론이 보지도 듣지도 못한 '문화충격'이었다. 누리꾼들의 <조중동> 평생절독운동과 광고철회운동은 한국언론 100년사상 수용자에 의한 최초의 주체적인 언론소비자운동으로서 기존 언론개혁운동을 한 단계 더 심화시킨 차원 높은 언론민주화운동이었다(김영재, 2009).

수구·족벌언론은 참으로 가증스럽게도 그 과정에서 독자를 직접적으로 억압하는 기제로 활약했다. 겉으론 '국민의 신문'을 운운하면서, 사태의 심각성을 조기 차단하려고 검찰·국세청·방통위 등 국가기관을 총동원, 전세계 언론사상 유례를 찾아볼 수 없는 '독자 탄압'을 자행했다. 정치검찰이 검찰윤리를 팽개치면서까지 광고주에게 고소고발을 종용하고, 운동제안자들을 이례적으로 출국 금지시키는 등 조직적인 탄압에도 불구하고 이 운동이 숙지기는커녕 날마다 새로운 형태로 진화하고 있다.

수구·족벌언론과 정치검찰이 독자들의 정당한 언론수용자운동을 강제로 억압함으로써 생긴 상처는 그런대로 아문 듯하다. 그러나 그 과정에서 철저히 형해화되고 앙금처럼 남은 것은 '독자를 구치소로 데려간 언론'이라는 낙인은 평생 남게 되었다. 그것이 '언론불신'이라는 부메랑이 되어 사양산업에 처한 언론을 옥죈다.

한국언론은 '2009 노무현 전대통령 보도'와 '2008 촛불보도'에서 정치권력의 '총애'는 얻었으나 독자의 '신뢰'를 잃었다. 자고로 동서고금을 막론하고 권력으로부터 버림받은 신문은 시장에서 생존할 수 있었지만, 수용자의 믿음을 얻지 못한 언론이 번창했다는 얘기는 어디서도 듣지 못했다.

그뿐이 아니다. 도덕성과 윤리 문제도 제기하지 않을 수 없다. 그동안 '비판언론'을 자임하며 정치권력의 부도덕을 매섭게 몰아치던 대한민국의 내노라하는 신문사 사장이 신인여배우를 성적으로 농락하였다하여 한때 언론계를 곤욕스럽게 한 적이 있었다. 경찰의 '무혐의' 발표로 이 언론사 사주는 자유를 얻었다.

최근에는 또다른 유력 언론사 사주가 비공개 정보를 이용, 주식거래로 서너 달 만에 50여 억 원이라는 막대한 시세차익을 거둔 혐의가 제기돼 세인들의 입방아에 오르내린다. 그것이 진실이건 아니건 중요치 않다. 문제는 국민들이 이런 언론사주가 만드는 신문을 어떻게 볼 것인가 하는 점이다. 더욱 간과할 수 없는 것은 이런 언론을 지방신문이 고스란히 보고 배우며 자란다는 사실이다.

언론은 윤리적이어야 한다. 도덕성은 언론의 생명이자 존재의 바탕이며 살아가는 원동력이다. 따라서 윤리와 도덕성을 결여한 언론을 어찌 언론이라 이름 할 수 있을까. 윤리와 도덕성에서만큼은 언론이 종교와 같다. 성스럽기까지 하다. 언론은 국민들에게 이데올로기를 상품으로 파는 매체이기 때문이다.

흔히 언론을 사회의 교과서라 한다. 바른 생활의 거울이어야 할 언론이 시궁창 내 나는 쓰레기이면서 독자들에게 윤리와 도덕성을 입에 담는 것은 지극히 이중적인 자기기만이요, 사기다. "나는 비록 '바담 풍'이라 하더라도 너는 '바람 풍' 하거라"는 언설은 언론에서만큼은, 교육에서만큼은 있을 수도 없고, 있어서도 안된다. 독자는 윤리와 도덕성이 없는 언론을 언론이라 여기지 않아도 될 정당한 권리를 지니며, 또한 그 언론을 기꺼이 사이비언론·쓰레기언론이라 규정하여도 무방하다.

이쯤 되면 한국언론이 장사가 잘 안되는 것이 너무나 자연스러운 현상이다. 한국언론은 독자 이탈과 광고주 감소로 목숨 줄이 간당간당하는 처지다. 이러한 때 이명박 정부의 공영방송 해체 전략에 편승, 방송시장 진출로 공룡미디어재벌화를 추구하려는 것은 반언론적인 미디어전략이다. 그 속셈은 시계바늘을 30여 년 전인 '5공언론'으로 되돌려 국민의 알권리나 언론자유는 어떻게 되건 말건, 오로지 땅 짚고 헤엄칠 수 있는 시장체제의 구축이나 하고 보자는 심산이다. 권언·

정언 유착으로 시장생존을 도모하겠다는 꼼수가 21세기 디지털 시대에도 통할 수 있으리라는 발상은 시대착오적으로 거대한 착각과 미망 속에서나 가능한 얘기다. 단언컨대 한국의 주류언론은 이제 시장에서 '시한부 생명'을 선고받았다.

신문의 위기

●위기원인 외면 / ●시장실패 자초 / ●시종일관 돈타령

오늘날 언론은 유감스럽게도 더 이상 국민들에게 희망을 주는 매체가 아니다. 독자의 삶에 보탬이 되는 것이 아니라 오히려 짐이 된다. 언제까지 수용자가 미디어의 뒤치다꺼리나 할 수 없는 노릇이다. 더구나 뉴미디어의 잇따른 출현으로 굳이 올드미디어에 의존하지 않더라도 커뮤니케이션 시장이 원활하게 유통되는 데는 지장이 없다. 국민들에게 도움이 되지 않는다면 이제는 낡은 구닥다리 신문을 버려야겠다는 '독자선언'을 해도 무방할 것이다.

언론의 몰골이 이러한 까닭으로 한국언론에 우리의 미래를 맡길 수 없다. 그런 까닭에 이 글은 막대한 자금을 투자해 새 신문을 창간하자고 제안한다.

무릇 지각 있는 지성인이라면 자신이 한 말에 책임을 져야 한다. 민주언론의 창간을 공식적으로 제안하는 이 글 또한 마찬가지다. 시민언론 창간을 제안하는 "金榮在의 地方新聞 改革論"은 냉철한 현실인식을 전제로 한다. 그래서 '신문의 위기'라는 경고에도 아랑곳하지 않고 자신 있게 새 신문의 창간을 얘기한다.

오늘날 신문산업이 위기라 한다. 설상가상으로 신문의 미래를 암울하게 진단하는 사람은 사양산업이라고까지 한다. 기존 신문으로는 21세기 디지털 저널리즘 시대에 독자가 요구하는 니즈(*needs*)를 만족시켜 줄 수 없다. 독자의 니즈에 부응하는 신문을 새 신문에서 찾을 수밖에 없는 구조다. 새 신문의 창간을 얘기하기에 앞서 과연 신문이 왜 위기이며, 그 원인은 무엇인지, 해결방안은 있는지 신문위기론의 실체와 본질부터 파헤쳐 보자.

위기의 원인을 밝혀내고, 그에 대해 슬기로운 대안의 지혜만 지닌다면 위기를 극복할 수도 있다. 위기는 어떻게 마음먹고 인식하느냐에 따라 얼마든지 극복의 대상이 될 수도, 아니면 결코 넘지 못할 커다란 암벽이 될 수도 있다. 8,000m가 넘는 히말라야의 거대한 수직 설봉을 상상조차 할 수 없는 추위와 눈보라와 바람과 싸우면서 한 걸음 한 걸음 올라가 마침내 정상을 정복해 내고야 마는 알파인니스트에게서 우리는 삶의 지혜와 용기를 얻는다.

한국의 신문시장은 양극화가 그 특징이다. 즉 <조중동>은 매출액, 광고점유율 등에서 완만하게나마 상승세를 보이는 반면 마이너신문과 지방지는 구독률과 시장점유율이 점차 축소지향적으로 뚜렷한 하락세를 나타낸다. 그것은 메이저신문이 막대한 자본을 바탕으로 시장에서 자전거, 비데 제공, 현금 살포 마케팅 등으로 공격적인 판촉활동을 벌인 탓도 있지만, 그보다는 본질적으로 지면 경쟁에서 마이너신문과 지방지를 압도한 탓이라고 봐야 한다.

그럼에도 멀리 보면 그 현실이 마냥 장밋빛이지만은 않다. 인터넷 등 대안미디어의 급속한 발달과 무가지나 생활정보지 등의 출현은 무사안일과 복지부동에 젖어 개혁의 사각지대에 처한 신문산업의 목을 쬔다. 독자의 대거 이탈현상이 곳곳에서 재현될 조짐을 보인다. 어느 한 곳에서라도 한 번 무너지기 시작하면 걷잡을 수 없는 현상이 초래될 조짐이다. 신문산업은 거대한 해일이 저만큼서 다가오고 있음을 자각해야 한다. 그 둑이 얼마만큼 기초를 단단하게 쌓아 해일에 휩쓸려 가지 않을지를 점검할 때다. 신문이 올드미디어로 전락, 역사의 무대에서 '강제 퇴장'당하지 않으려면 스스로 경쟁력 있는 자구책을 마련할 수밖에 없다.

언론학계에서 진단하는 신문의 위기를 정리하면 먼저 임영호(2005)는 신문의 위기를 저널리즘 관점에서 다음과 같이 지적했다(양문석, 2007, 13~14쪽 재인용).

> 첫째, 수용자 평가에 나타난 신문의 위기로 ① 독자의 신뢰도 감소 ② 매체속성(영향력, 재미, 유익성, 중요성, 신뢰성 등)에서 경쟁매체와의 경쟁력 상실 ③ 신문에 대한 불만 증가를 들었다. 둘째, 내용과 보도태도 차원에서 ① 사실근거의 부실함 ② 관점의 편향성과 편파성 ③ 깊이의 부족 ④ 관점의 다양성 부족을 지적했다. 셋째, 정보 제공의 방향과 뉴스 가치의 설정 문제에서 현재 신문은 스트레이트 뉴스 중심, 하드뉴스 위주의 뉴스 가치 부여, 중년층 위주의 대상 설정 등의 오랜 관행에 근거하는 것을 원인으로 꼽았다.

이준웅·최영재는 최근 제기되고 있는 신문의 위기 원인 가설들을 다음과 같이 정리했다(양문석, 2007, 14~16쪽 재인용).

> 첫째, 뉴스미디어의 기능적 대체 가설로, 이는 신문이용의 감소가 인터넷언론이나 방송 등 다른 미디어의 이용과 긴밀하게 연결되어 있다고 본다. 다매체 다채널시대를 맞아 독자들이 다양한 뉴스 관련 욕구를 만족시켜 주는 대안미디어를 이용하면서 신문수요가 격감한다는 것이다. 이 가설은 기존

미디어와 새로운 미디어가 완전하게 대체적이거나 보완적이지 않다고 봐서, 신문은 새로운 뉴스채널과 뉴스미디어가 충족시키지 못하는 뉴스 요구, 즉 다양한 관점의 제공, 고급 논평, 심층적 해석, 새로운 의제에 대한 접근 등을 강화하면 위기를 극복할 수 있다는 것이다. 즉 신문이 다른 뉴스미디어와 중복되지 않는 특화된 기능을 수행하게 되어 서로 공존하고 공진화하게 된다는 얘기다.

둘째, 저가치 제공 가설로, 신문이용이 줄어든 것은 소비자의 선택, 즉 시장의 요구를 반영하지 못했기 때문이라는 것이다. 신문 상품의 품질, 가격, 서비스 등이 문제다. 이 가설에서는 신문 뉴스가 정보원의 다양성이나 뉴스 양, 속보성, 상호작용성 등에서 다른 뉴스의 질에 따라가기 어렵다는 것을 위기 원인으로 지적한다. 이 가설은 뉴스 자체의 정보력 강화, 지면 개선 및 지면구성의 혁신, 광고관리의 합리화 등을 통해 신문가치를 높임으로써 뉴스미디어 시장에서 경쟁력을 가질 수 있다고 본다.

셋째, 공정성 위기의 가설로, 이는 신문의 위기가 한국 신문의 불공정성, 특히 정치적 편파성이 원인이라고 보는 시각이다. 신문이 정파적 이해관계를 대변하는 경우가 많으며 정치적인 입장에 따라 독자와 비독자 사이의 이념적 분화를 가속화시키고, 결국 반대 정파의 잠재적 독자를 소외시킨다는 주장이다. 신문이 정파적인 이해관계를 대변한다고 평가받으면서 불공정 시비에 휘말리게 되고 결국 신뢰를 잃게 되며 정치신문에 대한 신뢰 저하가 곧 구독률과 열독률 저하로 귀결된다는 소리다. 따라서 신문의 신뢰성을 확보하여 영향력을 확대하고 일정 규모의 독자 기반을 유지해서 장기적으로 수익률 보장의 토대를 만들어야 한다.

넷째, 신문시장 변동 가설이다. 한국 신문시장은 시장지배적 신문과 중소신문이라는 대립구도로 구성돼 있다. 독자를 확보하기 위한 경쟁은 30%라는 이동 독자시장을 누가 장악하느냐에 기능된다. 따라서 신문시장의 구독 이탈, 전환, 합류로 이어지는 30% 이동 독자시장을 장악하기 위해 불법적인 경품이나 구독료 할인, 무가지 배포 등의 판촉행위를 한다. 결과적으로 이러한 유인동기에 의해 신문을 구독하게 되면 신문은 어떠한 끈끈한 유대나 충성도를 가질 수 없게 되고 절독 가능성이 높다. 이러한 절독 가능성은 신문판촉 비용의 증가를 초래하는 동시에 신문의 질적 경쟁을 유도하는 데 걸림돌이 된다. 이는 동시에 신문의 신뢰도롤 추락시킨다. 때문에 불법적인 경품과 무가지 배포로 만들어진 불공정 시장질서를 바로잡는 것이 신문의 위기를 극복하는 중요한 방법이라는 것이다.

다섯째, 신문개혁운동 부작용 가설이다. 신문감시운동이나 신문개혁입법운동을 통해 시민단체들이 과점신문에 대한 반대운동을 전개했고, 김대중 정부와 노무현 정부의 신문개혁정책 추진으로 과점신문의 신뢰도가 급격하게 추락했는데 이는 전체 신문의 신뢰의 위기, 신문시장의 위기로 확대되었다는 견해다. 이는 주로 과점신문의 주장이다. 또한 신문개혁운동은 신문산업의 발전이나 저널리즘의 발전에 오히려 실이 되었다고 보는 시각도 있다. 신문개혁운동이 격렬해지면서 신문 독자 수가 격감했고, 주요 개혁대상 신문뿐만 아니라 중소신문도 부수가 감소하였다. 결과적으로 재정이 취약한 중소신문만 타격을 주는 결과를 드러내기도 했다는 것이다. 결국 신문개혁운동은 정치적으로 중립성을 상실한 채 신문시장을 정파적 대립으로 몰아넣었다는 주장이다(장호순, 2003).

여기에다 지방신문의 위기는 몇 가지를 더한다고 양문석은 다음과 같이 덧붙였다.

첫째, 사회구조적 원인으로 정치·경제·사회·문화 등의 중앙집중화로 인해 지역뉴스 가치가 중앙뉴스에 비해 낮다는 인식이다. 이는 뉴스의 개념을 권위주의적인 중앙 뉴스 위주로 인식한 데서 기인한 오류이다. 뉴스에 대한 시각을 달리함으로써 경쟁력 있는 뉴스는 얼마든지 생산할 수 있다.
둘째, 중앙집권적인 경제구조로 주요 광고주가 수도권에 집중된 탓으로 지방신문을 발목잡고 있다는 논리이다. 그럴듯하다. 일면 수긍한다. 이 또한 생각을 달리하면 얼마든지 대안이 있다. 즉 지역민의 삶에 바탕을 둔 광고주의 개발이 그것이다.
셋째, 전국지의 무차별적인 시장침투로 지역신문이 고사위기라는 소리다. 전국지의 '너 죽고 나 살자'는 식의 과열마케팅을 지방지는 넋 놓고 구경할 수밖에 없는 처지다. 그렇다면 어떻게 할 것인가. 바로 전국지가 따라오지 못할 방향에서의 틈새화와 차별화의 전략이 그것이다. 하지만 현실은 지방 유력지가 전국지를 벤치마킹하고, 지방유력지를 다시 지방지가 복사하는 실정이다. 지방지가 시장경쟁력을 지니지 못하는 것은 어떻게 보면 사필귀정 자업자득이다.
넷째, 토호세력이 장악한 비합리적인 시장구조이다. 지방신문은 부동산, 건축업, 유통업 등으로 자본을 축적한 지역의 토호세력이 신문을 신문 외적 활용에만 관심을 쏟는다. 이들은 지방문화, 지역언론의 창달을 기치로 신문을 창간하나 실제론 신문이 2류가 되건, 3류가 되건 아무런 관심 없다. 저임금 소수정예로 오로지 신문사 간판만 달고 있으면 된다. 신문사 소유를 통해 지역세도가로서의 위상을 높이고, 언론권력을 활용하여 자신의 기업 활동을 보호하거나 이권에 개입하는 매개로 활용한다. 신문이 사주의 바람막이, 재산보호, 품위유지 등을 하는 경호견, 사냥견으로 전락함으로써 지역민들로부터 있어도 그만 없어도 그만이 아니라 결코 있어서는 안 될 신문으로 낙인 찍혀 전체 지방신문의 정체성과 신뢰성을 좀먹고 있다.

다섯째, 지역신문 자체의 낮은 경쟁력이다. 사람사업이 본질인 신문산업에서 지방신문의 기본적인 인적 구조는 '저임금 소수정예'에 기반을 둔다. 고임금 소수정예로 고도의 생산성을 담보해야 할 인적 자원 운용이 껍데기만 받아들였다. 능력도 없는 사람에게 과다한 업무부담만 가중케 한다. 그나마 조금 쓸 만하면 전국지로 이직한다. 빈약한 노동조건이 열악한 인적 자원 환경을 초래하고, 부실경영으로 이어진다.

여섯째, DMB, IPTV, 케이블TV 등 영상미디어의 활성화와 인터넷 매체의 증가 등 다매체 다채널시대의 도래로 신문의 영향력과 시장장악력이 날개도 없이 추락하는 중이다. 신문은 이에 대한 아무런 대책도 없이 뉴미디어의 시대를 맞아 갈피를 잡지 못하고 우왕좌왕한다.

일곱째, 기획보도 홍보비, 판공비, 촌지, 계도지 비용, 지자체 광고 등과 연계된 관과의 유착관계이다. 지역사회를 지배한 지자체와 지방언론은 한 몸이다. 따라서 지방신문이 지자체를 비판하기란 구조적으로 거의 불가능하다. 지방신문의 언론행위는 지역민을 위한 보도라기보다는 지자체를 선전하기 위한 홍보에 더 가깝다. 이것이 솔직한 자기고백이다. 언론행위가 이러한 까닭으로 지방신문의 홀로서기는 애당초부터 불가능하다.

여덟째, 지방언론을 장악한 사주문제다. 사주 1인이 장악한 지배구조 문제는 지역언론을 왜곡시키는 가장 본질적이고도 핵심적인 문제다. 개혁의 사각지대에서 지방언론은 말 한마디로 쥐락펴락하는 토호언론 사주시스템을 혁파하지 않는 한 지역언론의 바로서기는 구호로만 그친다(양문석, 2007, 63~67쪽).

신문산업의 위기는 외적 환경변화와 내적 요인으로 구분할 수 있다. 한국의 신문산업은 과학의 진보에 따른 신문산업의 산업적 환경변화를 간건너 불구경하듯 했다. 이종미디어의 출현, 인터넷, 뉴미디어 등 경쟁매체의 등장, 뉴스매체 기능의 대체 및 보완재의 도전 등에 대해 효율적인 대안은 고사하고 오불관언했다. 신문산업이 자신의 패러다임과 정체성을 잃고 우왕좌왕 방황함으로써 경쟁력을 잃고 시장퇴출을 가속화시키는 불쏘시개 역할을 한다.

내적 요인으론 <조중동>의 기형적인 독과점에 따른 시장구조와 주먹구구식 경영상의 오류, 구태의연한 콘텐츠 제작상의 문제로 나뉠 수 있다. 한국의 신문산업은 공익적 공론장이어야 하나 족벌사영체제로 고착화되어 있다. <조중동>이라는 소수의 족벌·세습언론이 시장을 배타적으로 지배함으로써 신문이 사주의 사익을 위한 도루로 전락했다. 언론이 사주의 권력화 도구로 전락함으로써 공정성의 위기를 초래했고, 이는 독자로 하여금 뉴스의 신뢰에 의심을 지니게 했다.

신문 품질과는 관련, 전문성 부족과 기득권에 일방적으로 경도된 당파성·정파성의 심화, 수구 이데올로기의 옹호에 따른 신문가치의 실종, 시대의 변화를 외면하는 뉴스 조직과 취재보도 시스템 등으로 신문경영의 합리화·과학화는 담을 쌓고 지내는 처지다. 이런 상황에서 신문이 경쟁력을 잃지 않고 시장에서 굳건하다면 그게 오히려 비정상이다. 한국신문의 시장실패와 독자의 감소는 지극히 자연스러운 정상적 현상이다.

이처럼 구체적으로 신문의 위기 원인을 분석하고 진단했다. 이제 그 해법이 도출됐다. '위기의 먹구름'만 걷어 내는 일만 남았다. 그 이후는 햇볕이 쨍쨍하다. 신문산업이 스스로 굳건하게 위기를 극복할 성의를 보여줘야 할 때이다. 자신은 아무런 노력도 하지 않은 채, 즉 신문의 위기 체제를 털끝 하나 고치지 않고 장사가 안된다며 지원해 달라는 '돈타령'을 해대는 것은 너무 무책임하다.

📂 21세기 언론

● 권위주의 언론 / ● 패러다임 대전환 / ● 디지로그 신문

신문산업이 시장퇴출이라는 벼랑으로 내몰리는 것은 단순히 '경제의 불황'이라는 외적 요인에서 기인하는 것만은 아니다. 보다 근원적인 문제는 신문산업이 미디어융합 시대에 걸맞은 패러다임을 상실한 데 있다.

당장 기자만 하더라도 단순히 텍스트만 작성하여서는 안된다. 사진은 물론 동영상까지 제작·운용할 수 있는 능력을 요한다. 신문기업의 가치관 또한 아날로그적인 패러다임을 탈피하고 디지털적인 마인드를 갖출 필요가 있다.

인터넷을 비롯한 영상미디어와 뉴미디어의 눈부신 발달은 신문매체를 대신할 대안미디어의 활성화라는 언론환경을 빚었다. 신문이 생존하기 위해서는 '지식정보산업의 패자'라는 고리타분한 의식에서 깨어나야 한다. 한국언론은 아직도 독자 위에 군림하는 20세기적 권위주의 미디어관에서 헤어나지 못했다. 정보사회의 진전과 함께 '정보의 평등화' 시대가 도래하는데도 여전히 '정보생산의 패자'로 군림하려 든다.

21세기 미디어환경에서 독자는 누구나 다 정보의 소비자이면서 동시에 생산자이다. 이와 같은 대전제를 자각하지 않는 한 그 미래를

담보할 수 없다. 그런데도 끊임없이 새 신문이 창간된다. 특히 지방사회에서는 더욱 그러하다. '망해 가는 사업'임에도 왜 새 신문이 우후죽순으로 창간되는 것일까? 바로 신문을 신문 그 자체로, 산업으로, 경제적으로 인식하지 않고 사회적 권력으로, 정치적 목적을 지닌 매개물로 인식해서이다.

이는 매우 위험한 '도박'과 같다. 자칫 잘못하면 언론산업 전체에 불신을 초래해 너도 망하고 나도 망하는 '공멸'을 초래할 가능성이 다분하다. 시대의 패러다임조차 읽을 줄 모르는 CEO가 '낡은 언론관'에 사로잡혀 새 신문을 창간하면, 그것은 '무늬만 새 신문'일 따름이지, 결국 '낡은 신문'과 다를 바 없다.

'낡은 언론'이 미디어의 민주화 환경에서 언론 구실을 한다는 것은 '어불성설'이다. 현재 우후죽순 창간되는 새 신문과 경영난에서 허덕이는 기존 언론은 언론자유의 근간을 뿌리째 부정할 '시한폭탄'과 같다. 그 원인은 전적으로 언론CEO의 낡은 패러다임과 디지털 시대의 저널리즘에 대한 이해 부족, 미디어산업의 환경변화에 대한 무지에 있다.

아무리 신문산업이 위기라 할지라도 인간이 존재하는 한 신문이 사라지는 것은 아니다. 시대적 변화에 능동적으로 유연하게 적응하는 매체는 살아날 것이며, 그렇지 못하면 도태가 불가피하다. 옛날 독재정권시대엔 신문이 권력의 주구·시녀·마름머슴 노릇을 한 대가로 시장에서 굳건할 수 있었지만, 21세기에는 '히틀러(Adolf Hitler)'가 되살아난다 해도 그와 같은 언론환경을 복원하기란 불가능하다. 결국 미디어는 미디어가 지닌 고유한 가치를 시장평가를 통해 존재할 수밖에 없다.

21세기 저널리즘이 시장 생존을 담보하려면 언론 패러다임(*journalism*

paradigm)을 근본적으로 바꿔야 한다. 이미 시대에 뒤진 신문은 올드 미디어를 대신하는 뉴미디어에 밀려 강제적으로라도 시장퇴출이 자연스럽게 진행되는 중이다. 따라서 그와 같은 시대의 도도한 흐름과 격랑 속에서 살아남기 위해선 언론의 존재가치를 독자에게 스스로 증명해야 한다.

문제는 기존 언론의 틀로는 새 시대가 요구하는 신문으로서의 역할과 사명을 기대할 수 없다는 데 있다. 그것은 언론이 이미 '국민의 편'이 아니라 '권력의 품'에 안겨 있음을 노무현 전대통령 보도와 촛불보도에서 확인한 바가 있다. 결국 새 신문에 희망을 심을 수밖에 없다. 현실은 새 신문 또한 기존 언론의 꽁무니를 졸졸 따라다니는 신문기업 CEO · 언론사주의 무철학, 종사자들의 몰이해로 신문산업에 드리워진 먹구름을 걷어 내기엔 역부족이다.

바야흐로 새로운 대안을 모색할 때이다. 웹3.0 시대의 도래와 함께 미디어3.0으로의 탈바꿈이 그것이다. 이를 일러 '시민언론'이라 한다. 시민언론의 존재 기반은 기존 언론이 결코 '국민의 신문'이 될 수 없다는 데서 출발한다. 기존 언론은 기득권의 품에 안겨 스스로 '애완견 언론'임을 공표했다. 이 언론은 자신이 섬기는 주인의 신호만 있으면 때론 '사냥견 언론' 구실도 마다 않는다. 노무현 전대통령 보도는 '경호견 언론'의 빛나는 혁혁한 활동상을 보여주는 케이스다. 왜 주권재민을 실현하는 시민언론이 불가피한지를 보여주는 대목이다.

시민언론은 21세기 저널리즘의 새로운 패러다임이다. 시민언론은 온라인에 기반을 둔 오프라인 신문이다. 그렇다고 기존 언론처럼 아날로그 신문이라고 이해하면 안된다. 시민언론은 웹3.0 정신을 구현하는 '디지로그 신문(*digilog newspaper*)'이다. 웹3.0은 시맨틱 검색에 바탕을 둔 독자의 정보 니즈를 제공한다. 웹2.0은 공유·참여·개방을 핵심적 이데올로기로 한다. 기존 언론이 사업자 중심의 웹1.0 시대의 언론이라면, 시민언론은 독자에게 신문을 개방하여 독자가 만들고, 독자와 함께하는 수용자 중심의 웹3.0언론이다.

시민에 바탕을 둔 시민언론은 21세기형 미디어이다. 미리 보는 디지털 시대의 저널리즘상으로서 위기에 처한 언론산업을 구원할 유일한 대안이다. 따라서 신문의 위기가 가속화되고 있는 시점에서 대구 지역에서의 시민언론 창간 탐색에 독자 여러분을 초대한다.

<☺ 2007. 2. 12. / 2008. 6. 27. 고침. / 2009. 7. 15. 더함.>

신문의 위기와 시민언론

●독자와 전쟁 / ●의제기능 남용 / ●민주언론 건설

 문산업이 백척간두에 섰다. 언론은 광우병에 취약한 미국산 쇠고기 수입자유화를 거부하는 '2008 촛불집회 투쟁' 과정에서 일방적으로 정권의 선전원 노릇을 마다치 않았다. 권력에 굴종된 수구언론에 대해 국민들의 평생절독운동과 광고주철회운동이 요원의 불길처럼 타올랐다. 신문산업을 지탱해 온 구독률과 광고수익률이 갈수록 떨어지는 가운데 수구언론이 국민들의 뜻을 외면하고, '독자와 전쟁'에 돌입함으로써 언론불신은 돌이올 수 없는 '루비콘의 강'을 건넜다.

독자가 신문을 읽지 않고, 광고주가 신문을 떠나는 현실은 비단 한국신문만의 현상이 아니라 전세계적인 현상이라고 자위하고 위무할지 모른다. 그것은 거대한 착각이다. 세계언론의 독자이탈 현상은 신문산업이 지닌 시대적 패러다임에서 기인하는 것이라면, 한국언론의 독자와 광고주 이탈은 언론 스스로 초래한 점이라는 데서 문제의 심각성은 더 깊다.

신문산업의 위기에 대해 언론학자나 언론산업 전문가들은 △최고 경영자의 경영능력 부족 △신문사 조직의 위계적 폐쇄성과 유연성 부족 △신문업계의 인적 유동성 부족 △상위 3개 신문의 시장독과점 △전국지와 지방지의 극심한 불균형 △시대의 패러다임에 뒤진 언론인들의 고루한 의식구조 △독자의 욕구에 부응하지 못하는 구태의연한 뉴스 포맷과 콘텐츠 △인터넷 등 뉴미디어의 활성화 △신문의 질적 저하에 따른 독자들의 불신 △산업적 논리가 아니라 정치적 논리에 따른 정부의 미디어 정책 실패 △수구언론·보수신문의 여론독과점 타파에 초점을 맞춘 언론개혁운동의 왜곡 등을 든다.

낡은 언론인 패러다임 중증환자로 전락

그것만으로 신문의 위기를 극복할 수 없다. 보다 근본적으로는 신문의 패러다임을 바꿔야 한다. 미디어시장은 변혁의 소용돌이가 가장 첨예하다. 신문 또한 시대의 변혁에 걸맞게 변신하여야 한다. 그에 앞서 언론이 먼저 해야 할 일이 있다. 독자로부터의 신뢰를 회복하는 일이다. 이것은 떠나는 독자를 잡을 수 있는 유일한 동아줄이다.

독자의 신뢰를 얻지 못하면서 시장생존을 도모하기란 구조적으로 어불성설이다. 독자가 외면한 신문이 시장생존을 위해선 먹잇감을 지속적으로 대 줄 권력이 필요하다. 이명박 정부하의 언론은 마치 '5공언론'처럼 공고한 권언유착, 권력에의 편입을 통한 시장전략을 선택했다. 그것은 시대착오적인 발상이다.

따라서 서방선진국의 신문위기는 감기나 몸살에 의한 '경증환자'의 증상이라면, 한국신문은 만성질환자의 '중증 위기'다. 본질적으로 이성과 지성에 바탕을 둔 활자매체는 감성적인 영상매체에 비해 수용하기가 어렵다. 이는 인간의 본능이다. 따라서 활자매체가 영상매체에 대해 경쟁력을 지니려면 활자매체의 장점을 극대화할 필요가 있다. 그것은 다름 아닌 언론에 대한 신뢰성이다. "신문에 났으니까 믿을 만하다"라는 신뢰성이 없으면 언론은 존재하기 어렵다.

그런데도 활자매체에 종사하는 언론인들의 권위의식으로 정보가 콘텐츠화되질 못했다. 케케묵은 낡은 사고와 습성에 젖어 있는 언론인들의 자질 미달이 언론의 신뢰성 회복에 걸림돌로 작용한다. 한국언론은 대개 '권위지'를 자임한다. 언론이 '대중지'이면서도 권위지를 자임하는 것은 언론인의 권위의식을 드높여 언론장사에 유리해서이다. 언론인은 자신의 무지를 배타적인 권위지 뒤에 숨김으로써 무지를 정당화한다.

권위지로 무지 감추고 언론장사 도모

권위지는 언론의 신뢰성과 영향력에 의해 판가름된다. 결코 발행부수가 많다고 권위지가 될 수 없다. 근본적으로 독자의 질이 더 중요하다. 언론의 신뢰도는 언론 품질의 정확성과 공정성에서 나오며, 그 영향력은 의제설정능력에서 비롯된다.

언론의 의제설정능력은 독자에게 무엇이 중요하며, 국가나 사회적으로 시대적 소명은 무엇인가를 인식하는 것을 말한다. 이러한 것들이 정직하게 농축되어 있을 때 비로소 독자들로부터 '권위지'라는 영예를 얻는다. 언론은 이를 간과하고 오로지 '가장 많이 팔리는 신문'이 '가장 좋은 신문'으로 잘못 인식한다. 언론의 이 같은 빗나간 '언론관' 때문에 '제살깎기식' 과당경쟁을 피할 수 없다. 물론 그 피해는 고스란히 독자의 몫이다.

한국신문이 시장에서 생존하려면 무엇보다도 독자에게 '신뢰도'를 확보하여야 한다. 언론에서 신뢰도가 떨어진 가장 큰 이유는 '정파적 보도'가 그 원인이다. 겉으로 '불편부당', '엄정중립'을 표방하나 실제로는 언론사주·경영주에 의해 철저히 통제되는 시스템으로 작용한다. 언론의 내용은 금과옥조 같은 '사시'나 '사훈'에도 불구하고 오로지 제왕적인 사주나 경영주의 말 한마디에 춤을 춘다. 사주나 경영주는 언론에 대한 '인사권'을 무기로 언론을 자기 마음대로 휘두른다.

편집권이 언론사주나 경영주에 의해 철저히 농락되고 있다 보니 사회적 사명과 공익적 역할은 고사하고 사주나 경영주, 언론에 유착된 기득권 세력의 이익 확보에 동원된다. 반면 수용자의 이익은 필연적으로 무시당하게 된다. 이로 인해 독자들로부터 점점 불신을 받으며, 곧 '독자의 감소'로 이어진다.

신문의 시장경쟁력은 '비판적인 공론장'의 역할수행에서 비롯된다. 이는 언론이 현재 가장 시급히 복원해야 할 요소다. 독자의 알권리에 부응하는 정보제공 마인드를 지녀야 한다. 독자의 의견을 신문의 내용에 충실하게 반영하여 사회전반의 여론으로 형성하고 환기시키는 데 앞장서야 한다. 독자가 원하는 정보를 성실하게 제공하는 정보서비스 사업자로서의 성격을 겸허하게 다잡을 때, 신문의 미래를 얘기할 수 있다.

한국언론은 신문의 질 향상을 위한 경쟁은 하지 않고, 오로지 몸집 키우기라는 양적 경쟁에만 몰두해 왔다. 사람[편집국]에 대한 투자보다는 윤전기나 경품 등 외형 확대에 주력해 왔다. 언론수용자들은 신문의 위기에 대해 어떻게 인식하고, 또 무엇을 가장 먼저 개선해야 한다고 인식하고 있을까? 아래의 <표 1>을 보면 △언론의 무책임한 보도 △권언유착 보도 △자사이기주의 보도 등을 들었다. 대체로 공감이 가는 옳은 지적으로서 언론인들이 명심해야 할 지표다.

<표 1> 한국언론이 가장 우선적으로 개선해야 할 점

(단위: %)

내용	1998년	2000년	2002년	2004년	2006년	2008년
언론의 무책임한 보도 태도	30.7	26.3	24.9	32.8	30.5	40.1
권력과 유착된 보도 태도	32.7	28.8	32.9	28.6	23.6	27.6
언론사 이익을 보호하려는 태도	15.7	17.2	19.0	22.3	21.1	16.0
특정기업·광고주를 위한 편파보도	5.7	7.0	9.5	7.2	14.8	8.4
특정 소수 언론매체에 의한 여론 독점	–	–	8.8	6.4	7.8	5.0
특정 가문에 의한 언론소유	14.4	14.3	1.4	1.9	1.6	2.2
기타	0.2	5.4	3.5	0.8	0.3	0.5
계	100.0	100.0	100.0	100.0	100.0	100.0

* 출처: 『각연도 언론수용자의식조사』, 한국언론재단.

인터넷을 비롯한 뉴미디어의 등장과 영상산업의 발달 등도 신문산업의 위기를 가속화하는 한 동인이다. 특히 언론인과 언론기업이 21세기 지식정보사회의 패러다임에 적응하지 못한 것도 빼놓을 수 없는 이유다. 시대는 격변하는데 이를 한 발짝 앞서 선도해야 할 언론과 언론인이 오히려 뒤처져 변화하는 시대의 흐름을 좇기에 바쁘다. 여기서 신문기업은 정보유통사업자로서의 메리트를 잃고 독자의 외면을 받는다고 봐야 한다.

이는 결과적으로 현재의 언론구조로는 신문의 위기를 극복할 수 없다는 말이다. 그렇다면 현실적으로 어떻게 할까? 그것은 다름 아닌 새로운 매체상을 정립하는 것이다. 곧 시민언론이 그것이다. 시민언론은 온라인에서의 시민저널리즘을 오프라인에서 구현하자는 얘기다.

시민이 주인 된 진보적인 민주언론 창조

시민언론의 가장 큰 특징은 시민의 역할에 대한 변화이다. 시민언론에서의 시민은 언론의 주체적 생산자이자, 동시에 소비자이며, 또 경영자로 존재한다. 시민은 시민언론의 기사 생산에 직접 참여하며, 누구나 원하기만 하면 경영과 자본에 참여할 수도 있다. 시민언론은 독자의 살아 있는 여론을 왜곡·조작됨이 없이 지면에 반영한다.

시민언론은 시민이 자본을 출자하고, 매체의 소유와 경영을 할 수 있는 열린 매체라는 사실도 시민언론을 규정짓는 매우 중요한 요소 가운데 하나이다. 시민이 시민언론을 소유하고 경영하는 데는 어떠한 신분적 제약이나 차별이 있을 수 없다. 교양 있는 시민이라면 누구나 다 자본주·경영주가 될 수 있다.

이와 같은 언론의 구조적 혁명은 언론이 당면한 과제이다. 신문은 자기혁명에 착수할 때이다. '2008 촛불집회'에서 보여준 한국의 주류언론은 시대를 역행하는 이명박 정부의 언론정책에 편승해 시대를 거슬러 올라가고 있다. 그것은 조만간 신문산업을 공멸의 위기로 몰고 올 개연성을 신문 내부에서 펄펄 끓이고 있는 것과 같다. 신문이 시장생존을 도모하기 위해선 독자중심 신문으로 환골탈태할 필요가 있다.

<☺ 2008. 8. 4.>

② TK는 누구인가

음성사주학(音聲四柱學)이라는 것이 있다. 곧 사람은 말한 대로 된다는 것이다. 이른바 '입성수 구성수'다. 사람의 말은 잠재적 의식으로 작용, 인간의 본질적 행동을 규제한다. 김대중 정부 시절인 2000년 7월 로마자표기법이 수정됐다. 대구경북은 "Taegu Kyungbuk"에서 "Daegu Gyeongbuk"으로 바뀌었다. 약칭으론 TK가 DG로 바뀌는 순간이다. 바뀐 표기법은 영어권 사용자들이 한글을 보다 원음에 가깝게 표현할 수 있게 했다. 문제는 어감이다.

발음을 크게 해 보자. TK는 '틴다', '튄다'라는 어감이 있다. 무리 가운데 독특한 개성으로 톡톡 튄다는 이미지는 밝고 긍정적이다. 반면 DG는 '디진다', '뒤진다'는 어감이다. 시대에 뒤떨어진다. 낙후하다. 심지어는 사망한다는 어둠의 이미지다. 일상적으로 TK를 DG로 말하고 사용함으로써 부정적인 이미지가 잠재적 의식으로 고착화되고 습성화되어 마침내 행동으로 표출된다. 그로 인해 항간에서는 전라도 정권이 "TK를 영원히 말살하기 위한 음모에서 기인한 어문정책"이라는 말까지 나돌았다.

필자는 대구경북지역을 지칭할 때 TK라 하지 DG라 하지 않는다. 물론 TK라는 이름에는 한국현대사에서 영광보다는 오욕이 더 많았다고 할 수 있다. 하지만 그 오욕의 이름조차 결국은 이 땅을 딛고 사는 우리가 떠안고 갈 몫이라면 굳이 애써 회피할 까닭은 없다. 오히려 당당하게 그 오욕의 역사를 가슴에 새기고, 그로부터 반성과 자성을 반추해 영광스러운 역사로 되돌리면 된다. 지역민이 무기력하게 말로써 떼죽음을 당할 수는 없는 노릇이다. 그래서 TK이지 결코 DG일 수는 없다.

이번 장에서는 언론이 뿌리박고 서야 할 TK사회의 정신적 토양을 살펴보기로 한다. 이를 심도 있게 고찰하지 않으면 신문창간은 실패하기 쉽다. 현실적으로 신문창간은 하늘에서 뚝 떨어지는 게 아니라, 그 지역사회에 뿌리내려야 한다. 새로 창간한 많은 신문이 창간과 동시에 부실화로 치닫는 것은 이와 무관하지 않다.

언론은 바르게 '알릴 의무'가 있으며, 독자는 진실을 '알권리'가 있다. 이를 위해 우리는 대구경북의 언론을 바로 세워 TK언론의 반골정신을 회복하고자 한다. TK사회의 변혁을 추동할 거대한 태풍의 핵을 잉태하기 위해 시민언론운동을 펴려는 것이다. 참 언론인들이 자유롭고 창의적인 지혜를 결집함으로써 TK와 TK언론의 허상을 깨뜨리는 언론개혁을 일궈 내야 한다. 그럴 때만이 비로소 TK의 미래를 얘기할 수 있다.

▯ TK 현주소

- TK왕따 진행중 / ●동종교배 도시 / ●수구 보수위장

인천에서 발행되는 종합계간지 <황해문화> 2004년 가을호는 권력엘리트와 보수언론이 20여 년 이상을 유착해 권위주의·지역주의·보수주의·수구주의를 내면화시킨 결과 TK는 21세기 대한민국 사회에서 '왕따'당할 우려가 있다고 경고했다.

<황해문화>는 "TK사회에 내면화된 우월주의·국가중심주의·반공주의·지역주의는 특정 정당이 국회의원은 물론 지방자치단체장과 지방의회까지 독식하는 일원적 정치구조, 지역의 언론·대학·종교는 물론 유난히 발달한 계(契) 형태의 자발적 소집단과 관변단체를 통한 보수 이념 확산 등을 통해 재생산된다"며 "오늘날 TK 지역이 겪고 있는 정치·행정적 무능과 경제적·사회적·문화적 낙후는 기존 질서에 대한 맹목적 집착, 변화에 대한 저항, 현실 안주의 결과"라고 개탄했다(안수찬, 한겨레, 2004년 8월 27일자, A27면).

<황해문화>의 특집을 보도한 <한겨레>에 따르면 TK는 '몰락'이 아니라 숫제 '사망선고'를 당하기 일보 직전이다. 바야흐로 한나라당 코드 일색의 'TK정서'가 미국 '남부지역의 정서'로 규정됨으로써 한국사회에서 조직적이고 이데올로기적인 '왕따'가 전개되고 있음을 시사한다. 이 기사는 또 '사이비 TK'와 '참 TK'의 구분도 없이 일방적으로 TK를 싸잡아 도매금으로 매도했다. 이는 비극적이게도 비TK가 바라보는 '오늘의 TK' 자화상이다.

〈사진 5〉 〈월간조선〉 대구특집 기사

〈월간조선〉 2006년 3월호는 대구사회를 조감하면서 "순환·경쟁·상호비판이 없는 동종교배의 도시"라고 지적했다.

TK의 초라한 초상화는 보수우익 내지는 수구세력의 입장을 대변하는 〈월간조선〉 기사에서도 적나라하게 드러난다. 〈월간조선〉 2006년 3월호는 TK의 핵인 '대구'를 일컬어 "성장을 멈춘 절망의 도시", "순환·경쟁·비판이 없는 동종교배의 도시"라고 표현했다. 1인당 GRDP(지역국민소득)가 13년째 전국 꼴찌인 도시, 대형 재난사고가 꼬리에 꼬리를 물고 연이어 속출하는 도시, 젊은 층의 이탈이 심화되고 노령화 지수가 가속화되는 도시, 음주 교통사고율이 전국 최고인 도시가 바로 대구라는 것이다. 이쯤 되면 대구는 '고담시티(Gotham City)'라 해도 그다지 실례는 아닐 듯하다.

'대구병'에 대해 TK는 자각하지 못한다. 시민들은 최소한의 긴장감

마저 풀려 대형참사가 시도 때도 없이 빈발하고, '무력감'에 빠져 어느 한쪽으로만 집착하는 배타성을 보인다. 지하철 승객의 20%가 65세 이상 노인들이 무료로 이용할 수 있는 경로우대권을 뽑아 '공짜 이용'을 하는 얌체 짓을 한다.

지하철이 운행되는 타 시는 공짜손님이 평균 4∼6%라고 하는데 대구만 20%가 넘는다는 것은 시민의식에 뭔가 문제점이 있다는 얘기다. 시민의식이 이러하다면 관리감독을 해야 할 지하철공사 직원들은 일손이 없다는 핑계로 '나 몰라라' 외면하고, 일탈을 방조한다. 아니 어쩌면 부추기는지도 모른다.

그로 인한 피해는 정직하고 선량한 시민들의 몫이다. 양심적으로 지하철을 이용하는 승객이 공짜손님의 비양심과 지하철공사 직원들의 무책임을 덤터기로 뒤집어써야 하는 것은 너무 억울하다. 대구도시철도공사가 경영공시에서 밝힌 자료에 따르면 2008년을 기준으로 환승을 포함한 무임승객은 전체의 33%인 3,700여만 명이며, 유료승객은 67%인 7,400여만 명이다. 공짜손님의 무임승차로 1회당 평균요금은 605원에 불과하며, 1인당 수송원가는 1,813원에 달해 현행 950원에서 100%를 인상해야 수지를 맞출 수 있다는 얘기다.

지하철뿐만 아니다. 2006년 2월에 도입한 시내버스 준공영제 덤터기도 고스란히 시민들에게 뒤집어씌운다. 준공영제 시행 이전인 2005년도에 대구시가 29개 버스업체에 지원해 준 돈은 12억 원에 불과했다. 그러나 2006년부터는 해마다 눈덩이처럼 불어나 413억 원(2006년), 564억 원(2007년), 780억 원(2008년)을 지원해 줬고, 2009년엔 1,000억 원가량을 지원해 줄 것이라 한다(우선 예산은 880억 원을 편성해 놓았다). 버스 1대당 지원금이 4,140만 원으로 대전 3,090만 원,

광주 2,630만 원, 서울 2,440만 원, 부산 2,370만 원보다 거의 2배나 더 많다.

대구시장을 비롯한 대구시 공무원들이 시민의 혈세를 아무 개념 없이 흥청망청 마구 써댄다는 얘기다. 준공무원 대우로 신분이 바뀐 버스기사들이 시민들을 볼모로 해마다 연중행사처럼 임금인상을 요구할 때마다 시장은 지레 겁부터 먹고 알아서 임금을 대폭 인상해 줬다. 대구시내버스 운전기사는 전국 버스 기사들이 선망하는 최고의 자리가 됐다. 승객이 더 늘었느냐 하면 그것도 아니다. 버스이용 승객은 2006년 하루 평균 68만 3천 명에서 2007년엔 71만 7천 명, 2008년엔 73만 8천 명으로 고작 2만여 명 증가에 그쳤다(구대선, 한겨레, 2008년 12월 29일자).

대구시의 이와 같은 무개념 무능행정의 뒤치다꺼리는 전적으로 시민들의 몫으로 되돌아온다. 어디 그뿐인가. 걸핏 하면 법원과 검찰을 제집 드나들듯 뻔질나게 들락날락한다. 전국에서 인구대비 소액심판청구소송과 투서, 무고사범 등이 가장 많은 곳이 대구다.

사회지도층 또한 리더십의 부재와 무비전으로 독자적인 내부개혁은 고사하고 권력만 좇는 '기회주의적 해바라기'로 전락했다. 지역사회의 중추기능이어야 할 공직자 사회는 무사안일과 복지부동에 빠져 현실안주에 머물러 있다. 사회 또한 "모난 돌이 정 맞는다"는 풍조에 물들어 개혁을 닭 쳐다보듯 하며, 단지 시늉내기로 그친다. 그 결과 위기를 기회로 삼기는커녕 이제 '더 망하려야 망할 것이 없는 그게 유일한 희망인 도시'로 전락했다(김태완, 월간조선, 2006년 3월호, 512~538쪽).

이와 같은 '대구'에 대해 지역사회의 여론을 주도하는 <매일신문>

은 "억울하다"고 항변한다. 2008년 7월 12일자 1면에 게재된 「'고담 大邱' 대구는 억울하다」는 기사는 보수적이고 수구적인 지역사회의 정체성에서 기인하는 원인을 애써 외면하고, 그 탓을 인터넷 등 외부의 탓으로 돌린다. 이는 언론이 과연 지역사회의 실태를 바르게 비추는 능력을 지녔는지 의문을 갖게 한다. 대구가 '엽기도시'라는 비아냥거림을 시민들의 의식구조 개혁으로 거듭날 생각은 않고, 해명과 변명하기에 급급한 것은 결국 TK언론이 아직도 제정신을 차리지 못하고, 초라한 자기변명으로 일관하는 것을 보여주는 의미밖에 없다.

〈사진 6〉 〈매일신문〉 『'고담 대구'는 억울하다』 기사

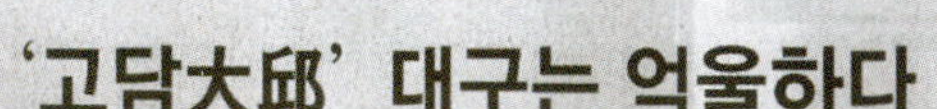

'고담大邱' 대구는 억울하다

사소한 사건 터져도 '엽기도시' 악플 쏟아져
인터넷 농담서 시작된 별명이 오해·냉소 심화
젊은층 희망·비전 주는 '高談대구' 만들어야

'고담대구'의 유행이 인터넷을 떠돌고 있다. '고담대구'처럼 수년째 강렬하고 지속적으로 이어지는 지역 비하도 없다. 범죄율이 타도시에 비해 높지 않은데도 '고담대구'라는 주홍글씨는 지워지지 않으니 억울한 일이다. 과연 대구는 정말 범죄와 몰염치, 비양심이 판치는 도시일까. '고담'이라는 각인은 왜 지워지지 않는 걸까.

◆대구 여행에는 보험이 필수?

인터넷 포털사이트의 지식검색에는 이런 황당한 질문이 떠돈다. Q: '대구로 여행을 가려 하는데 보험에 꼭 들어야 할까요?' 답도 가관이다. A: '대구는 워낙 범죄가 많아서 밤에 혼자 다니면 위험합니다. 보험회사에서도 안 받아준다고 하더군요' '나는 자랑스런 고담대구 시민이다'라는 게시물은 대구 시민들을 몰염치하며 폭력적이라고 매도한다. 가령 사소한 시비가 벌어지면 대구에서는 무조건 주먹을 휘두르고 멱살잡이를 한 뒤에 경찰에 선처를 호소하고, 술에 취해 길에서 잠이 들었는데 경비원이 깨우면 "네가 뭔데 나를 깨우냐"며 멱살을 틀어쥔다는 식이다.

유독 대구에서 좀 크다 싶은 강력사건이 발생하면 '역시 고담대구'라는 비아냥 섞인 인터넷 댓글이 달린다. 대구에서 벌어진 사건이 아닌데도 누명을 뒤집어쓰기도 한다. 지난해 2월 경기도 고양시에서 애인을 말다툼 끝에 토막 살해한 육군 중사 사건이 대표적인 사례. 당시 피해자가 대구 출신인 탓에 피해자 가족이 대구 성서경찰서에서 신고했던 것임에도 일부 네티즌은 대구를 흉악도시로 비하했다.

대구에 '고담'이 붙기 시작한 건 2005년 인터넷 패러디사이트로 추정된다. 대구 지하철 상인동 가스폭발사고(1995년), 지하철 방화 참사 사건(2003년) 등 대형 사고도 고담대구란 말을 유행시키는 주요 원인이 됐다. 지난 2006년 인터넷을 떠돌던 '올해의 엽기사건 베스트 9'는 고담대구 이미지 굳히기에 결정적 역할을 했다. 대구에서 일어난 사건 가운데 엽기적인 것만을 짜깁기한 이 리스트는 당시 MBC 라디오 신해철의 '고스트스테이션'을 통해 전파를 타면서 대구의 이미지를 비하시켰다.

◆정말 범죄의 도시일까

대구는 정말 범죄의 도시일까. 결론은 그렇지 않다. 대구의 범죄 발생률은 여타 대도시에 비해 크게 높지 않다. '2007 대검 범죄분석'에 따르면 2006년 말 현재 대구의 범죄 발생 건수는 특별법범(이하 특) 5만1천596건, 형법범(이하 형) 3만8천930건으로 서울(특 19만2천377건·형 17만7천517건)과 부산(특 7만2천759건·형 5만9천300건), 인천(특 6만6천170건·형 4만7천996건)에 비해 낮다. 범죄 발생건수는 거주 인구의 수에 비례하는 경향이 있기 때문이다. 생활과 가장 밀접한 범죄인 절도의 경우 대구는 9천785건으로 서울(2만8천963건), 부산(1만2천620건), 인천(1만2천813건)에 비해 훨씬 낮은 수준이다.

살인, 강도, 강간, 절도, 폭력 등 5대 범죄 발생건수도 타 지역에 비해 높지 않다. 대구경찰청에 따르면 지난해 말 현재 5대 범죄 발생건수는 2만5천517건으로 서울(10만7천380건), 부산(3만3천282건), 인천(2만9천824건)에 비해 적다. 인구 10만명당 범죄 발생 건수도 마찬가지다. 2007년의 경우 대구는 3천568건으로 전국 평균인 3천616건보다 낮다. 이는 인천(3천884건), 광주(4천199건)보다 낮은 수치다.

사실 마뜩잖은 별명은 대구에만 붙은 것은 아니다. '심시티서울' '라쿤광주' '갱스오브부산' '뉴올리언스수원' '마계인천' 등 전국적으로 15곳에 이른다. 그러나 지금까지 생명력을 갖고 있는 별명은 '고담대구'가 거의 유일하다. 유독 '고담대구'라는 꼬리표가 떨어지지 않는 이유는 무엇일까. 전문가들은 대구가 보인 정치적 경향성과 부정적 소문이 빨리 확산되는 인터넷 속성이 맞물렸기 때문으로 분석한다. 단순한 농담으로 시작됐던 별명이 보수적인 대구의 성향과 군사 정권 배출이라는 역사적 사실과 맞물리면서 타지역민의 오해와 냉소를 일으켰다는 것.

정치적인 이슈가 번질 때에도 '고담대구'는 등장한다. 지난달 미국산 쇠고기 수입 문제로 MBC '100분 토론'에 출연한 진중권 교수가 주성영 의원에게 '대구의 밤문화…'를 언급하자, '역시 고담대구'라는 인터넷 댓글이 붙었다. 박한우 영남대 언론정보학과 교수는 "대구와 호남 모두 특정 정당에 압도적인 지지를 보내면서도 유독 대구가 네티즌들로부터 욕을 먹는 것과 같은 맥락"이라며 "호남은 지금까지 권력에서 소외돼 왔다는 피해자의 이미지를 주는 반면, 대구는 권력을 누리고 있으면서도 그 이상의 무엇인가를 바라는 것처럼 보인다"고 말했다.

장성현기자 jacksoul@msnet.co.kr

▶2면에 이어집니다

대구지역의 대표언론 〈매일신문〉은 "'고담대구'는 억울하다"고 항변한 기사를 게재했다. 2008년 7월 12일자, 1면.

시민들의 공동체적 삶은 아랑곳하지 않고 오로지 자신이 지닌 수구·기득권의 향유와 유지에만 관심을 쏟는 정치권과 행정관료들, 기술개발과 품질향상을 통한 경쟁력 강화에는 관심이 없고 '복사품'과 부동산 투기를 마다 않는 재계와 졸부들, 사회적 정의와 시민복지는 "나 몰라라" 하고, 나와 내 가족만 챙기기에 급급한 개인주의의 만연과 기회적 출세주의, 황금만능주의, 한탕주의에 포로가 된 지도층의 보편적인 인식과 풍조, 창조와 개혁보다는 무사안일과 복지부동·매너리즘 등 총체적 난국에 빠져 자신이 우물 안에 있는지 우물 밖에 있는지조차 모르는 문화계와 종교계, 교육계, 언론계가 TK의 자화상이다.

TK의 실상은 TK사회 권부의 핵인 대구시청과 경북도청에 들어가 보면 얼마나 권위주의적이며 배타적인지를 알 수 있다. 대국민 행정서비스 조직인 공무원 사회가 '열린 시스템'이 아니라, 관료들 끼리끼리의 '패거리 사회'를 지향한다. '관존민비(官尊民卑)'라는 지극히 폐쇄적인 가치관이 시민들을 압도한다. 이는 TK언론도 마찬가지다. 언론인의 자리를 마치 무슨 벼슬인 양 인식하고, 민중을 업신여기며 깔본다. 그러면서 겉으론 태연하게 시치미를 뚝 떼고 '수구'를 '보수'로 위장한다.

물론 이 같은 현상은 비단 TK에만 국한된 것이 아니다. 한국사회 전반의 문제이기도 하다. 하지만 그 현상이 유독 심하게 TK사회에서 표출되고 있고, 또 앞서 이를 정당화·당연시한다. TK는 신라의 삼국통일 이래 한반도의 역사를 창도한 주체적 세력으로서의 전통과 긍지를 지니고 있다. 그에 걸맞게 TK에게는 우리 역사를 바르고 정의롭게 진보시켜야 할 책임과 의무가 있다. 우리 사회에서 TK를 심각하게 논박하는 이유는 TK정신이 역사의 진보에 기여하고 있기는 고사하고, 저해하고 후퇴시키는 주범으로 작용하기 때문이다.

💾 TK 정체성

●참TK정신 실종 / ●사이비TK 활개 / ●철밥통문화 지배

여기서 잠시 말머리를 돌려 TK가 누구인지 규명해 보자. 원론적인 의미에서의 TK는 지정학적으로 대구·경북 출신의 사람을 말한다. TK는 두 가지 의미를 지닌다. 하나는 일부 지식인들이 혈연·학연·지연을 매개로 'TK'라는 천박한 패거리주의를 내세워 개인의 출세와 부귀영달을 도모했던 기회주의다. '사이비 TK'이다. 또다른 하나는 선비정신을 현대사회에 구현한 문화로서 '경상도 기질', '반골정신'으로 상징되는 '참 TK'이다. TK가 TK다운 것은 사회적 정의를 구현하는 'TK정신'에 있다.

그러나 오늘날 TK의 사회적·공적 자긍심은 사라지고, TK정신이 개인화·파편화되어 정치·경제·사회·문화·종교·교육·언론 등에서 출세지상주의·황금만능주의로 나타난다. TK사회는 모조리 개혁의 대상이라 해도 과언이 아닐 정도다. 물론 TK라고 개혁이 없는 것은 아니다. 개혁이 있다. TK사회의 개혁은 무늬만 개혁일 뿐 실제론 개혁이 아니다. TK가 추구하는 개혁이란 기득권에 안주하면서 현 체제를 적절히 유지한 가운데 생물의 진화처럼 자연스럽게 변해 가는 진보(進步·*progress*)를 개혁인 양 착각하거나, 개혁으로 오도한다.

개혁이란 말로만 하는 게 아니다. 행동이 전제되지 않는 개혁은 있을 수 없다. 그것은 개혁을 가장한 '위장 개혁'일 따름이다. 원래 개혁을 무산시키기 위한 가장 효율적인 방법은 '개혁의 대상'이 오히려 개혁을 광적으로 주창함으로써 개혁의 본질을 흐지부지하게 하는 '개혁 물타기'다. 우리 사회에서 강제적으로라도 청산되어야 할 수구세력

이 개혁의 주체인 양 개혁을 표방하는 따위가 그러하다. TK사회에서 활발하게 회자되는 개혁담론은 '개혁 물타기'의 전형을 보여준다.

무늬만의 '위장 개혁'은 그 정체가 모호해 사람들을 기만하기 일쑤다. 일부 지식인 사회의 양심세력, 시민사회의 주체세력을 자임하는 이 개혁론자들은 얼핏 보면 개혁세력으로 보이나, 곰곰이 따져보면 '야누스'와 같은 얼굴을 한다. 겉으론 고고하고 순진하게 개혁을 부르짖으나, 실제에는 개혁을 빙자해 자신의 '이밥'에만 관심을 기울인다. 카멜레온처럼 밤과 낮이 바뀜에 따라 시의적절하게 자유자재로 표변하는 이들의 '위장개혁론' 또한 참 개혁을 저해하는 요소다.

'철밥통 문화'는 개혁이냐 비개혁이냐를 가늠하는 잣대다. 진보건 보수건 가릴 것 없이 어떤 자리와 직책과 직분을 막론하고 자신의 기득권을 빼앗기지 않겠다는 문화를 고집하는 한 개혁을 입에 담을 수 없다. 입에 담아서도 안된다. 비개혁론자가 개혁을 입에 담는 순간 개혁은 훼손된다. 자신의 자리를 권력인 양 여기는 '자리보전문화'에서 개혁을 논한다는 것은 어처구니없다. 문제는 이런 '철밥통' 유의 개혁이 TK사회에서 공공연하게 엄숙한 개혁을 표방한다는 점이다.

TK개혁이 얼마나 허구적이고 기만적인가는 공공재를 외면하는 것에서 그 실상을 적나라하게 볼 수 있다. 시민언론의 창간은 어느 특정 개인을 위한 상업적인 목적이나 특정세력의 사적인 이익추구를 위한 도구가 아니라 수구에서 보수까지, 극렬에서 진보까지를 두루 아우르는 우리 시대 모두의 시대적 과제다. 그럼에도 선진적이라는 TK사회에서 외면되었다. 이는 무엇을 뜻하는가. TK는 진보건 보수건 가릴 것 없이 'TK는 역시 TK'라는 것을 의미한다고 해석할 수밖에 없다.

📄 2 · 28과 TK

●고루한 역사의식 / ●개인주의 만연 / ●공익가치 실종

2 · 28대구학생의거가 50주년을 맞았다. TK의 역사는 2 · 28이 이승만 독재정권을 타도했던 4 · 19민주혁명의 모태로 여긴다. 한국현대사에서 다수설은 2 · 28을 빼고 3 · 15마산민중봉기만 징검다리로 인정하는 추세다. 이는 TK 스스로 불러들인 결과다. 모든 역사의 전개에는 반드시 역사를 추동하는 동인이 있다. 2 · 28은 「학도를 정치도구로 이용하지 말라」는 <대구매일신문>의 필화사건을 씨앗으로 한다. <대구매일신문>의 민권지 지향 원천은 '대구10월인민항쟁'이라는 자랑스러운 투쟁이 있었기에 가능했다.

한국현대사에서 2 · 28의 왜곡은 바로 이와 같은 역사의 맥락을 부정하고 왜곡하는 데서 비롯된다. 일제의 식민사관을 존숭하는 수구세력은 '대구10월인민항쟁'을 '좌익 · 빨갱이 · 공산당의 폭동'으로 단칼에 매도하고 일방적으로 규정한다. 소위 그 폭동 속에 숨어 있는 당시 민중들의 절박한 생존 위기와 처절한 민생고는 '공산당의 사주'라며 단 한마디로 일축한다.

해방사 공간에서 진보적 경제지를 표방하며 창간했던 <남선경제신문>은 그게 진실이 아니라는 것을 스스로 체득했고, 또 처참한 민중의 목소리를 직접 목도했다. 현장 언론인들의 이와 같은 현실인식은 이 신문을 모태로 한 <대구매일신문>의 언론정신으로 면면히 이어졌다. <대구매일신문>의 기자정신 · 언론혼이 살아 있었기에 2 · 28이 현실화될 수 있었다. 이것이 역사 전개의 올바른 해석이다.

사회변혁운동의 두 수레바퀴는 언론과 진보적인 지식사회다. 이승만 독재정권의 반민주적인, 반민중적인, 반민족적인 폭압이 절정에 달했을 때 TK사회가 선도적으로 용기 있게 분연히 일어설 수 있었던 것은 바로 정파지의 소임이라는 한계를 지녔음에도 불구하고 각성된 <대구매일신문>이라는 민권지가 있었기에 가능했다. 언론은 사회의 빛이자 소금으로서 권력의 부당함을 있는 그대로 민중들에게 진솔하게 알려 줌으로써 2·28을 낳을 수 있었다. 당시 <대구매일신문>이 대구사회에서 발간되던 타 신문과 마찬가지로 입을 꾹 다물고 모른 체했다면 결코 2·28은 존재할 수 없었을 것이다.

TK사회는 2·28민주화운동 50주년을 맞아 기념식을 열고 학생의거의 순수하고 고귀한 정신을 잇겠다고 선언했다. 그런데 조금만 세심히 관찰하면 참으로 이상한 논리가 그 저변에 흐르고 있음을 알 수 있다. 모두에서도 얘기했듯이 2·28을 얘기하기 위해선 <대구매일신문>의 민권지 투쟁과 그에 앞선 '대구10월항쟁'의 정신을 얘기하지 않을 수 없다. 그럼에도 <대구매일신문>의 언론정신과 '10월항쟁'의 자주적 투쟁은 외면한다.

TK사회를 지배할 보편적·공익적 가치로 승화되어야 할 <대구매일신문>의 언론혼은 어느 특정 신문사나 특정 언론인만의 투쟁으로 폄하되고, '10월항쟁'을 통한 민중들의 처절한 저항은 빨갱이 폭동으로 매도됨으로써 역사정신의 단절을 초래했다. 오늘날 2·28은 과거와 뿌리는 모조리 부정한다. 과거가 없는 2·28은 오로지 4·19혁명의 도화선이라는 미래의 역사만 존재함으로써 TK의 민주화운동이 구심점과 뿌리가 없는 해괴한 비상식적인, 기형적인 얼굴을 하게 됐다.

2·28의 주류가 스스로 공익적 가치이어야 할 <대구매일신문>의

반이승만 투쟁과 '10월항쟁'을 부정함으로써 결국은 2·28이 한국 사회에서 4·19의 원천적 모태라는 사실을 부정하는 현실을 초래한 셈이다. 그러면서 다시 2·28은 4·19의 어머니라는 모순된 주장을 담기에 이르렀다. TK사회의 의식구조가 역사정신을 자기 편리한 대로 마구잡이 왜곡한 탓으로 결국엔 빨갱이 폭동이 민주화운동으로 계승되었다는 소리를 하는 모순에 빠지게 됐다.

'10월항쟁'은 부정하면서 2·28만 선양하려는 모순은 2·28을 범시민적인, 범국민적인 민주화운동으로 승화시키지 못하고 TK인들 스스로 철부지 고교생들의 민주화운동으로 자리매김하게 함으로써 사회적·국민적 운동으로 승화시키는 데에 실패했다. 그리하여 현재 대구광역시와 2·28기념사업회가 공동으로 선양하는 2·28은 고작, 당시 참가자에 대한 국가유공자로서의 처우 문제가 가장 시급한 핵심적 사안으로 대두되는 실정이다. 공익의 가치가 외면되고 철저히 개인화·파편화되어 사익으로 전락되고 왜곡되는 순간이다.

2·28이 진정한 민주화운동이라면, 그 혁명정신을 널리 선양하는 운동으로 승화되어야 하는 것은 당연하다. 그러기 위해선 우선 2·28의 참뜻을 제대로 이해하여야 한다. 그 연후에 참가자의 처우 문제를 논의해야 하는 게 바른 순서다. 2·28이 우리 사회를 지배하는 개인주의·출세주의·황금만능주의를 떨치지 않고선 운동의 바른 뜻을 공고히 세울 수 없다. 이는 상식이다. 우리가 민주언론건설을 통해 바로 세우고자 하는 2·28의 역사는 바로 이와 같은 것이다.

2·28대구학생의거 50주년은 한국현대사에서 4·19민주혁명의 기폭제로서 정당하게 대우받고 존경받는 민주혁명운동으로 자리매김 되어야 한다. 21세기를 살아가는 우리가 역사에서 교훈을 본받고 체득

하여야 할 것은 그 혁명정신이 어떻게 굴절되었고 왜곡되어 현재는 어디에 있는지를 정확하게 인식하는 것에서부터 비롯되어야 한다. 50년 전의 2·28이 50년 후에 이르러 이름값조차 대우를 받지 못하고 통곡하는 까닭은 바로 여기에 있다. 그것은 바로 TK사회의 공익적 가치 실종에 있다.

📀 TK개혁 언론

●수구문화 척결 / ●위로부터 개혁 / ●민중언론 창출

21 세기가 열리는 첫해, '개혁'은 이 땅의 화두이다. 특히 '언론개혁'은 미룰 수 없는 과제이다. "언론이 바로 서야 나라가 바로 선다"는 경구는 새삼 진부한 얘기이다. 달리 말하면 요체는 TK언론의 개혁 없이는 TK사회의 몰골은 현재와 여전하다는 것이다. TK지역에서의 언론개혁은 시민언론의 창간이 그 시작이자 끝이다. 시민언론의 건설은 TK와 TK사회의 변혁을 추구하는 '혁명의 촛불'이자 TK와 TK사회를 왜곡됨이 없이 있는 그대로 비추는 '창'이며 동시에 '거울'이다.

시민언론이 건설되면 시민들에게 덤터기만 씌우는 무능한 대구시정은 설 자리를 잃는다. 국민을 우습게 보고 '철밥통'만 지키려는 공무원들의 무사안일·복지부동은 더 이상 공직사회에 발을 붙일 수 없게 된다. 시민의 생존권을 담보로 돈벌이에만 혈안이 된 '사이비' 기업에게는 쇠방망이가 내려질 것이며, 돈과 권력이 있는 곳만 좇는 '기생문화(寄生文化)'는 청산될 것이다. 시민언론은 TK와 TK사회에 만연한

기회주의적 허위문화를 쓸어내는 강력한 '진공청소기'다.

시민언론이 지향하는 사회개혁·언론개혁의 최종 목적지는 '상식이 지배하는 사회의 건설'이다. 시민언론은 개혁의 방법으로 "윗물이 맑아야 아랫물이 맑다"는 위로부터의 개혁을 주문한다. 기꺼이 우리 사회의 오피니언 리더층인 국회의원·정치인·장관·행정관료·판사·검사·변호사·법조인·기업인·세무사·회계사·은행원·의사·약사·교수·교사·언론인·종교인·예술가·문화인 등등 지식인 사회를 비판하는 데 게을리하지 않는다.

무릇 말이란 쉬워야 한다. 진리 또한 그러하다. 현실적으로 진리는 어려운 말로 나타난다. 지식인들이 명백하고도 단순한 진리를 민중들이 알아들을 수 없는 '해괴한 지식'으로 기만하고 속임으로써 자신들의 기득권을 구축해 온 탓이다. 지식인들은 자신들의 알량한 지식을 '진리'라는 권위로 무장해 민중을 기만하고 진실을 호도함으로써, 민중들이 진리에 대해 무감각한 틈을 타 특혜와 이권을 챙겨 왔다. 여기서 진실은 어렵고 복잡한 논리로 둔갑했다.

언론은 본말이 전도된 지식사회의 굽은 이데올로기의 무분별한 전파자였다. 독립투사 후손은 차가운 음지에서 굶주리며 살아가고, 친일 앞잡이 후손은 대를 이어 떵떵거리며 사회지도층으로 군림하는 사회를 만드는 데 앞장섰다. 지배층들은 자신들이 장악한 사회체제의 유지와 강화를 위해 독재정권의 '반공주의'와 유착, 자신들의 기득권을 옹호해 왔다. 지식인들은 민중들의 희생을 대가로 취득한 지식을 사회를 위해 사용하지 않고, 개인의 영달과 출세를 위해 쓴다.

보수적이고 수구적인 TK언론을 극복하려면 시민언론을 '대안미디어'로 건설하여야 한다. 진보적이며 개혁적인 새 매체의 건설은 우리 시대를 사는 지역언론운동의 궁극적인 목표이어야 한다. 이에 이르기 위해서는 우리 모두가 자유롭고 창의적인 지혜를 모아 **TK**와 **TK**언론의 허상을 깨뜨리는 언론개혁을 일궈 냄으로써 비로소 구체화할 수 있다. 이를 위해 기꺼이 그 대장정에 함께 나서자고 제안하는 바이다.

시민언론의 창간은 민주언론운동세력이 일궈 내야 할 '언론혁명'이다. 지역의 참 언론인들이 가꿔 가야 할 '언론쿠데타'이다. 혁명을 꿈꾸는 소수의 지도자가 졸저 『시민언론 창간론』으로 시민언론에 대한 이론부터 정립하여야 할 터이다. 기존 언론이 지닌 문제점을 자각하고, 그 대안을 확고히 하여야 한다. 변화하는 시대의 사조에 맞는 언론 패러다임의 습득과 함께 미디어 기술 환경에 대한 폭넓은 이해와 인식의 틀을 다잡을 필요도 있다. 아울러 혁명을 기도하는 선지자들이 진지한 토론과정을 거쳐 정립된 이론과 사상을 독자에게 설득시켜야 한다.

언론혁명은 이와 같은 확고한 원칙 아래 수행하되, 현실화하는 방법에서는 시의적절한 신축성을 부여하여야 한다. 노자는 강한 것[剛]은 부드러운 것[柔]을 이기지 못한다고 했다. 대나무(竹)는 부러지지만 버드나무(柳)는 휜다. 시민저널리즘이 지향해야 할 목표에 대한 원칙은 확고하여야겠지만, 그 원칙을 운용하는 실제 테크닉에서는 카멜레온처럼 유연하여야 한다.

이때 결코 간과할 수 없는 것은 혁명의 지도자가 자기 도그마에 빠져서는 안된다는 사실이다. 즉 시민언론은 헤게모니를 장악한 소수 엘리트[言論人]의 '민주주의적 가치'가 아니라, 언론혁명의 본질적 바탕을 이루는 기층 민중[讀者]의 지지를 획득하는 '민중주의적 가치'를 존중하여야 한다. 민중의 지지 없는 언론이란 존재할 수 없다. 기존 언론은 단연코 말하거니와 '민중의 언론'이 아니다. 무늬만 '민중언론'이다. 독자들이 이 '사이비 민중언론'을 '민중의 언론'이라 여기는 까닭은 '참 민중언론'을 한 번도 본 적이 없기 때문이다.

시민언론은 기존의 언론에게는 커다란 '언론재앙'으로, 사회엔 '개혁의 전도사'로 대두될 것이다. 때문에 시민언론의 발아를 저지할 기득권 세력의 '저지 음모'와 '방해 공작'을 경계하지 않을 수 없다. 그 명분의 단초는 바로 '안정 속의 개혁' 얼굴을 하고 나온다. 이른바 '보수'와 '반공'이 그것이다.

그러면 TK의 미래는 없는가. "金榮在의 地方新聞 改革論"은 TK의 오늘을 혹독하게 비판했다. 이 글이 TK에게 매서운 채찍을 가하는 까닭은 희망의 불씨를 되살리기 위해서이다. 사람의 삶은 자연환경으로부터 깊은 영향을 받기 마련이다. 결코 그 지역의 토양, 기후, 풍토와 무관할 수 없다. 신토불이(身土不二)라는 문화는 이를 근거로 한다.

대구는 분지다. 분지는 공기의 유동이 적다. 대지의 상층부에 정지돼있기 일쑤이다. 공기의 흐름이 완만한 것은 지역민의 삶에도 고스란히 반영된다. 곧 시민의식이 정체돼있는 따위다. 대구가 타지역에 비해 상대적으로 보수적이고 폐쇄적인 까닭은 여름엔 더 덥고, 겨울엔 더 추운 분지 풍토와 무관하지 않다.

대구는 "불의 도시[火都]"다. 대구가 불의 도시라는 것은 강수량이 전국 평균치에 비해 훨씬 적은 것으로도 증명된다. 불은 음양오행으론 양(陽)이다. 양은 활동적이다. 외부지향적이며 웅대하고 힘차다. 다분히 공격적이며 남성적이다. 용광로처럼 폭발적인 에너지의 분출원이다. 대구 사람들이 대개 성미가 급한 것은 이와 무관하지 않다. 이런

양은 음과 조화를 이룰 때 비로소 긍정적인 우주만물 창조의 뿌리로 작용할 수 있다.

우리 옛 선조들은 신천(新川)에 물을 흘려 음양의 조화를 꽤했다. 자연을 개발하겠다는 오만한 생각으로 신천에 마구잡이 시멘트 칠을 한 결과 물은 더 이상 흐르지 않는다. 물이 흐르지 않으면서 윗물은 깨끗하나 물아랜 썩어간다. 바로 대구의 현실이 그러하다. 있는 그대로의 자연[無爲自然]에서 맑은 물이 흐를 때 대구는 사람이 사는, 사람이 살만한 인간의 도시가 된다.

용암처럼 용광로처럼 내부에서부터 끓는다. 결코 냄비처럼 파르르 하지는 않는다. 한번 '욱'하면 좀체 그칠 줄 모른다. 열정적이고 격정적이다. 내면의 열기가 폭발할 때면 걷잡을 수 없다. 화끈하다. 끝장을 보고야마는 성미다. 거침없이 모조리 태워 없애는 성난 불과 같다. 앙금을 남기는 법이 없다. 싸울 땐 싸우고 돌아서는 대장부답게 깨끗이 잊는다.

지금은 불같은 대구의 열정이 차갑게 식어 동토의 빙점 이래서 꽁꽁 얼어붙어 있다. 시민언론으로 그 허위의 껍질을 깨고 역사의 중심으로 우뚝할 것임은 의심의 여지가 없다. 대구는 한국사에서 언제나 위대한 역사창조의 중심이었다. 비록 현재는 한국사회에서 TK라 지탄받는 처지지만 조만간 각성된 TK언론을 통해 떨치고 일어나 사회개혁·민권혁명을 선도하리라는 것이 이 글이 지향하는 신념이다.

누누이 얘기하지만 TK는 원래 보수적이고 고루하지 않았다. 조선조의 '영남학파(嶺南學派)' 형성 이래 TK는 정치적으로는 늘 재야였으며 진보적이었고, 사회적으로는 유교적인 명분과 정의의 구현에 앞장섰던 선비정신이 구현되는 땅이었다. 근대에 이르러서는 '사람이 하늘[人乃天]'이라는 우리나라 역사상 가장 위대하고도 진보적인 사상 [東學]을 낳은 곳이 바로 TK이다. 이런 TK가 역사로부터 점점 멀어지고 소외되고 있는 것은 TK사회를, TK언론을 개혁하지 못한 TK의 자업자득이다.

<☺ 2004. 9. 16. / 2006. 3. 27. 고침. / 2010. 3. 4. 더함.>

대구시의 전시행정과 버블의식

•한탕주의 오염 / •소비 향락도시 / •허영 허위의식

구시가 2013 세계에너지총회(WEC)를 유치했다. 이로써 대구시에서는 2010년부터 4년 동안 세계적인 규모의 국제행사가 잇따라 열리게 됐다. 즉 2010년 세계소방관경기대회가 열리고, 2011년에는 세계 3대 스포츠행사인 세계육상선수권대회가 개최된다. 2012년에는 세계곤충학회총회와 국제청소년스포츠축제, 2013년에는 세계에너지총회가 열린다. 대구시는 내친 김에 2014년 세계정보기술총회와 2015년 세계물리치료연맹학술총회 유치에도 발벗고 나설 전망이다.

<사진 7> 대구시가 유치한 국제행사 앰블렘

이를 어떻게 해석하고 받아들여야 할까? 결론부터 미리 말하면 대구시의 파격적인 국제행사 유치병이 도가 지나쳐도 한참 지나쳤다고 아니 할 수 없다. 이는 전형적인 군사독재정권의 보여주기식 한탕주의 전시행정이다. 또한 겉만 번지르르하게 치장하는 호화 사치 행정의 표본이 아닌지 짚고 넘어갈 필요가 있다.

더욱 가관인 것은 시민들을 대신해 대구시의 '쇼 행정'을 날카롭게 비판하고 대안을 제시해야 할 **TK**언론이 대구시 공무원들의 정신 나간 한탕주의식 행정에 편승, 생산유발효과 0,000억 원, 고용유발효과 최소한 수천 명에서 수만여 명, 돈으로 헤아릴 수 없는 천문학적인 홍보효과, 국제도시로서의 지명도 획득으로 인한 위상 제고 및 투자 유치 촉진, 활성화 등을 운운하며 시민들을 기만하는 데 공범으로 활약한다는 사실이다.

객관적인 근거나 과학적인 토대가 전혀 없는 뜬구름 잡기와 같은 공허한 말로 시민들을 현혹해 우민화하는 데 지방신문은 그 첨병이다. 대구시정의 책임자와 공무원들이 터무니없는, 허무맹랑하기 그지없는 말로 시민들을 우롱하는 데 동원한 그럴싸한 명분을 제 입맛대로, 마음대로 말할 수 있는 것은 언론의 이와 같은 방조와 협조가 있기에 가능하다.

대구는 소비도시고 향락도시다. 이래서는 희망이 없다. 뭔가 생산적인 도시가 되어야 내일을 얘기할 수 있는데, 대구시정을 보면 이건 숫제 먹고 마시고 노는 이벤트로 일관한다. 한 번 곰곰이 생각해 보자.

점퍼 하나가 아무리 싸다고 해도 기본이 30여만 원은 족히 넘고, 많게는 70~80만 원이 웃도는 고어텍스 등산복이 전국에서 인구대비 가장 많이 팔리는 곳이 대구라 한다. 그래서 어느 유력한 등산복 제조 메이커가 수도권을 버리고 대구에 공장을 짓겠다고 나섰다가 철회하기도 했다. 어디 그뿐인가. 10여만 원 이상 하는 외제 상표 운동화 소비가 가장 활발한 곳이 또한 대구이다.

이를 두고 혹자는 대구를 '럭셔리 도시'라며 자랑스러워한다. 정말 정신이 나가도 한참 나갔다. 대구가 돈이 많아서 '명품도시'라는 말을 듣는다면 기분 좋은 일일 터이지만, 현실은 그와 정반대다. 대구는 전국 16개 광역 시·도

가운데 국민 1인당 총생산액이 전국 꼴찌인 도시다. 한마디로 돈도 없는 주제에 남을 의식해 호화사치품을 사서 입고 다닌다는 얘기다. 겉모습을 꾸미는 허위의식으로 가득 찼기 때문에 빚어지는 현상이다.

시민들의 자기기만적인 허위의식, 몰가치적인 가치관은 오피니언 리더층이 그 원흉이다. 이들이 '이벤트 발전전략'에서 헤어나지 못하는 한 시민들의 낭비풍조를 막을 수 없다. 또한 이들이 이를 각성하지 않는 한 대구사회의 몰락을 막을 수 없다.

오늘날 대구사회가 망해 가고 있는 것은 전적으로 대구사회를 실질적으로 지배한 오피니언 리더층의 우물 안 개구리 의식이 그 원인이다. 이들은 정치적으로 수구훈구파 세력을 강고히 지원한다. 그 명분은 '보수'를 위장하고서 말이다. 따라서 시민들이 이를 각성하지 않는 한 대구의 미래는 없다.

<☺ 2008. 11. 12.>

③ TK언론은 무엇인가

오늘날 TK사회는 심각하게 왜곡되고, 굽었다. 언론인인 필자는 그 원인을 대부분 TK언론 탓에서 찾는다. TK언론은 언론이 국민의 알권리와 사회적 정의를 무시하고, 언론의 사명을 포기한 채 힘 있는 곳만 쫓아다닌다. TK사회를 비추는 TK언론이 이러한 까닭으로 TK사회는 곧지 못하다. TK사회를 새로이 건설하기 위해선 새로운 TK언론이 불가피하다.

우리는 8·15민족해방 이후 친일을 청산하지 못해 역사의 후퇴를 가져왔으며, 87년 6월민주대항쟁 이후는 군사독재를 청산하지 못해 민주화에 대한 도덕성과 가치관의 붕괴를 초래했다. 독재정권의 선전 선동대로 기능했던 언론이 뼈아픈 자기 성찰도 없이 민주화에 무임승차한 것은 기회주의적 변절이 정당시되는 인식을 각인시키는 꼴이 됐다. 이로 인해 언론은 역사의 진보를 가로막은 가장 큰 주범 가운데 하나로 전락했다.

이번 장에서는 TK언론의 이데올로기적인 실체와 지방신문이 실제적으로 어떻게 기능하고 작동하는지를 살핀다. 특히 왜 언론개혁이 필요한지, 개혁의 사각지대에 처한 실상을 독자 여러분들께 적나라하게 폭로한다. 글이 다소 과격하고 격정적이라 하더라도 이해해 주시기 바란다.

📖 언론의 오만과 편견

● 선거공작 왜곡보도 / ● 여론조사보도 / ● 경마저널리즘

독자의 존엄 자체를 근본적으로 무시하는 한국언론의 오만과 편견은 이른바 "대통령 만들기"로 나타난다. 수구언론은 일제히 선거 때가 되면 똘똘 뭉쳐 겉으론 엄정 중립을 표방하면서 실제론 철저히 대통령 만들기 공작보도를 전개한다. 지방언론은 기꺼이 이를 벤치마킹한다. 지자체 선거에서 특정 정당 지지를 노골화하는 것이다.

언론의 특정 후보 당선 공작은 여론조사보도를 빌미로 한다. 유권자 전체의 대표성을 결코 대표한다고 할 수 없는 극소수의 소규모 집단을 표본집단으로 선정하고, 그나마 언론이 지지하는 특정 후보 지지를 유도하는 질문지를 통해 조사한 자료를 마치 전체 유권자의 뜻인 양 보도한다.

여론조사보도가 얼마나 엉터리인가는 하는 것은 제17대 대통령선거 과정에서 여론조사회사가 같은 날, 같은 방법, 같은 대상으로 조사한 결과가 의뢰한 신문사에 따라 정반대의 결과로 나온 적이 있다. 문제는 한국언론의 이와 같은 엉터리 여론조사보도를 일반 유권자나 독자가 눈치체기 어렵다는 것이다.

언론은 또 선거 이전에 이미 특정 정당과 지지 후보를 미리 선정하고 어느 후보가 앞서가고, 어느 후보가 추격 중이라는 경마저널리즘으

로 선거의 근본 자체를 왜곡한다. 유권자들은 언론이 일방적 잣대로 설정한 프레임을 자신도 모르게 무비판적으로 수용하게 된다. 즉 언론이 1위 후보로의 표 쏠림 현상을 유도하고, 대중들은 기꺼이 동의를 하게 되는 것이다. 따라서 언론의 여론조사보도와 경마저널리즘을 제대로 파악할 수 없으면 수구언론의 선거공작 왜곡보도의 음모를 제대로 파헤치기란 불가능하다.

교육자는 교육으로, 언론인인 필자는 언론으로 세상을 바꾼다고 한다. 사회개혁에서 어떤 것이 보다 효율적인 전술전략일지는 알 수 없다. 다만 분명한 것은 현재의 언론구도가 바뀌지 않으면 결코 사회개혁은 일궈낼 수 없다는 사실이다. 온 국민이 이미 수구언론이 정해 놓은 눈으로 사물을 보는 데 어찌 '민주적인 선거의 기적'을 일궈낼 수 있을까 말이다. 혹자는 '노무현 대통령 당선'을 들어 참 민주주의의 승리를 장담할지 모른다. 이는 너무나 순진한 생각이다. 과연 출마자가 '노사모'와 같은 열정적인 지지집단을 지녔느냐는 점을 먼저 생각해보면 그 해답은 자명하다.

수구세력은 공적인 영역의 방송마저 조직적으로 장악하러 나섰다. 수구세력이 종합편성채널·보도전문채널 등을 통해 매스컴 재벌화를 완성한다면 일본 자민당의 60년 집권과 베를루스코니의 탄생도 시간 문제다. 한국의 민주주의가 일본의 민주주의처럼 3류 민주주의로 전락하는 것이다.

"金榮在의 地方新聞 改革論"은 새 신문의 건설로 이와 같은 언론 현상을 미리 극복하자는 담론을 공식적으로 제기한다. 이는 지역사회의 공론장이 귀담아 들어야 할 시대적 사명이다. 이미 지역사회의 수구언론은 6·2지방동시선거를 맞아 "시장 만들기" 공작보도가 치열하다. 뿐만 아니라 교육마저 정치에 오염시키는 어느 후보를 차기 교육감으로 옹립한 듯 노골적인 보도로 포장하기에 급급하다. 이 진실의 벽을 깨뜨려야 교육이 살고, 대구가 산다.

TK언론 이념

- 우물 안 개구리 / • 개혁진보 걸림돌 / • 어용문화 숭상

현재 TK사회는 '보수'로 위장한 '수구반동'에 포로가 되어 있다. 지역사회의 이러한 정체성은 무능하기 그지없는 대구시정과 경북도정보다 우리를 더 절망케 한다. 더욱 참담한 것은 이를 일깨워 줘야 할 언론이 '우물 안의 개구리'로 전락, 자신이 어디에 있는지조차 모른다는 사실이다. 늘 깨어 있어야 할 언론이 독선과 아집에 갇혀 지역사회를 바르게 비추지 못한다. 그렇다보니 지역사회가 심각하게 왜곡되고 굽은 것을 피할 수 없다.

참은 권하고, 허위는 버려야 한다. 이는 윤리이고 도덕이기 이전에 상식이다. 언론은 옳고 그름을 분명히 하여야 한다. 현실에서 심판관과 알림이의 역할을 해야 할 언론이 경기에 직접 뛰어들어 특정 선수를 편든다. 이는 TK언론이 '사이비 TK문화'에 젖어 TK정신을 제대로 알려주지 못하는 것을 말한다. TK언론이 언론의 사명을 다하기 위해서는 기득권의 시녀노릇을 했던 과거 죄악에 대해 자아비판을 했어야 했으나, 그 과오를 뉘우치기는커녕 오히려 치졸한 자기변명으로 일관함으로써 무엇이 옳고 그른지 가치관의 판단을 흐리게 했다. 'TK'라면 긍정적이기보다는 부정적인 문화로 인식되기에 이른 데는 TK언론의

책임이 작지 않다. 이런 TK언론에 TK의 미래를 맡길 수 없다.

TK언론을 개혁하여야 TK사회의 미래가 담보된다. TK언론이 개혁을 외면하고 무지몽매한 꿈속을 헤매는 동안 전국적으로 TK에 대한 왕따가 진행되고 있음은 앞장의 <황해문화> 기사에서도 유추할 수 있었다. 이 기사는 TK언론이 언론개혁을 통해 바로 선 연후에야만 TK사회를 개혁할 수 있음을 시사한다. TK사회의 개혁은 TK언론을 바로 세우는 것부터 착수해야 한다.

TK사회에서 개혁의 가장 큰 걸림돌은 불행하게도 개혁을 선도하고, 개혁의 전위기지이어야 할 '언론'이다. TK언론은 '보수·안정'이란 미명하에 개혁에 저항하며 '수구·반동'을 최우선적 가치로 한다. 지역사회에 군림하는 언론권력으로서 체제변화를 극렬히 거부하며, 변혁에 대해 저항하고, 자기방어를 기도한다. 민중의 알권리를 담보로 독재정권과 야합한 반대급부로 챙겼던 기득권의 끄나풀을 결코 놓으려 하지 않고, 계속 향유하려고 한다. 이와 같은 TK언론을 그대로 두고 TK사회를 개혁하겠다는 것은 어불성설이다.

'사이비 TK'를 퇴출시키려면 TK의 실체를 더도 말고 덜도 말고 있는 그대로 비추는 '거울'이 불가피하다. TK의 개혁은 TK의 정확한 현실진단에서 비롯되어야 한다. TK가 처한 모습이 어떤지도 모르는 상태에서 TK를 개혁하겠다고 나서는 것은 난센스다.

TK언론은 사이비 TK집단이 유혹하는 기득권으로부터의 결별을 해야 한다. TK사회의 개혁은 혈연·지연·학연을 빌미로 기득권 세력에 빌붙어 사사로운 호의호식을 도모했던 극소수의 권력엘리트·교수·언론인·기업인·문화인 등 지식인 사회의 청산과 숙청을 통한 어용문화의 단죄를 전제로 해야 한다. 특히 언론은 국민들의 정신생활에 지대한 영향력을 미치는 사회적인 제도이므로 기득권의 시녀, 어용 나팔수 노릇을 했던 '해바라기 언론인'의 숙청은 무엇보다 가혹하고 철저해야 한다.

TK언론은 TK를 둘러싼 문화적 위기를 여론화시키고, 나아가 지역민들의 중지를 모아 부정적인 TK를 극복할 대안을 마련해야 한다. 그럼에도 TK언론은 제 할 일은 하지 않고, 손바닥으로 하늘을 가린 채 아무 일 없는 양 침묵한다. '우물 안의 개구리'마냥 스스로 혼자 잘났고, 고고하며, 도도하다. 혼자 뛴 경기에서 '1등'이라 주장하는 TK언론을 믿다간 한국 사회에서 정말 '왕따'당한다.

그러면 TK사회의 11개 언론 가운데 사회적 영향력 면에서나 저널리즘 기능 수행에서 실질적으로 언론 구실을 하는 매체를 중심으로 정치사회적인 실상을 살펴보기로 한다.

🖫 TK언론 특성

● 선도지 언론재벌 / ● 추종지 재벌언론 / ● 쌍끌이 언론구조

I MF 이전까지 대구경북지역 언론계에서 '5공언론'이었던 <매일신문>은 <조선일보>처럼 언론재벌이었으며, 제1지 혹은 선도지로서의 자긍심과 권위로 무장한 무소불위의 언론권력 · 언론파시즘 · 언론재벌이었다. 다른 점이 있다면 <매일신문>은 가톨릭재단이 소유한 종교자본언론이고, <조선일보>는 방씨 일가의 족벌 · 세습언론이라는 점이다. 87년 6 · 29언론자유화 이후 복간한 <영남일보>는 삼성그룹의 <중앙일보>처럼 지역의 독점재벌자

본 갑을그룹이 소유했던 재벌언론이었다.

지역사회에서 <매일신문>과 <영남일보>는 '쌍끌이언론'이다. 시장은 선도지 <매일신문>이 독점적으로 장악하고, 추종지 <영남일보>가 그 뒤를 맹렬히 쫓는 형국이다. 이 두 신문이 지역신문 시장을 양분한 것은 하루 이틀이 아니다. 해방사 공간에서 창간한 <영남일보>가 먼저 주도권을 장악했으나, 이승만 독재정권 치하인 1955년 9월 13일 발생한 '대구매일신문테러사건' 이후부터는 압도적으로 <매일신문>이 우위에 섰다.

제2지로 전락한 <영남일보>는 이후 지방지 최초로 컬러인쇄를 도입하는 등 <매일신문>을 따라잡기 위해 부단히 노력했으나 '민권지'로 성장한 <매일신문>의 이미지 벽을 넘는 데는 늘 역부족이었다. 그것은 결국 1980년 11월 전두환 정권의 언론통폐합에서 <매일신문>에 흡수 합병 대상이 되기에 이른다. 이후 <영남일보>는 언론민주화 시대까지 긴 침묵을 지켜야 했다.

6·29선언으로 굳게 닫혔던 언론시장이 개방되자 지역언론계에도 백화제방의 언론이 만발했다. 전국 최초로 '사원지주제'란 해괴한 자본조달 방식을 도입했던 <경북일보>를 비롯하여, 시도민주 공모를 시도했던 <하나신문> 등이 명멸했다.

지역의 신문시장이 창간과 휴간, 폐간을 거듭하면서 역동적으로 활성화되자 민중들은 언론자유의 만개를 기대했다. 신문의 수는 하루가 다르게 늘어나도 국민의 알권리는 이승만 독재정권 시대에나, 유신공화국하에서나, 5공언론 시대나 한 치도 다르지 않았다. 제호만 다를 뿐 지면이 천편일률 획일적이었다. 민중들은 언론자유의 탕진과 남용, 쓰레기언론의 창궐을 지켜봐야 했다.

자원만 낭비하던 신문시장은 IMF 이후 직격탄을 맞았다. 한국사회의 주요 포스트에서 기득권을 수호하는 첨병역할을 했던 언론재벌과 재벌언론은 거품경제의 몰락과 함께 급속히 영향력을 잃고 구조조정이란 칼바람 아래 놓였다. 지방언론에서의 언론재벌과 재벌언론의 몰락은 더한층 드라마틱하게 전개됐다. 5공 이래 지방언론재벌 반열에 들었던 <매일신문>은 자본잠식에 이어 껍데기만 남은 언론으로 추락했다. 지방재벌언론 <영남일보>는 모기업의 부도에 이어 법정관리로 연명하는 처지가 됐다. 지방토착 건설자본의 언론이었던 <대구일보>는 모기업의 부도와 함께 폐간되는 운명에 봉착했다.

이번에는 언론자본의 속성에서 TK신문의 특성을 살펴보자. 현대 자본주의 사회에서 기업은 자본의 이익에 복무하기 위해 존재한다. 언론기업 또한 예외가 아니다. 지역 언론사 자본이 지닌 성격을 규명해 보면 <매일신문>은 가톨릭대구대교구의 종교자본이 지배하는 TK언론의 제1지로서 선도지 구실을 한다. 법원으로부터 법정관리를 받아 한 때 법원언론·국영언론이었던 <영남일보>는 포항의 중소건설업체인 동양종합건설(대표 裵聖魯)을 모기업으로 맞아 초토화된 신문을 정비할 수 있게 됐다. 지난 2001년 11월 15일 창간된 군소신문인 <대구일보>는 아파트 시설 및 대형건물의 유지관리, 청소대행, 전문보수, 경비용역 등을 주요 사업으로 하는 목성엔지니어링(대표 李泰烈)이 모기업이다. 이 밖에 포항의 <경북매일>과 <경북일보>는 토착자본인 삼일그룹과 대아그룹의 계열사에, <일간 대구경북>은 중소토건회사를, <경북도민일보>는 일본계 종교자본이 투입된 것으로 알려진다.

<매일신문>은 가톨릭이라는 종교자본 매체다. 종교란 현실에서 파생되는 마음의 갈등과 불안을 극복하고, 내일은 행복이 보장될 것이라

는 내세 지향적인 속성을 지녔다. 종교는 본디 퇴영적이다. 오늘은 비록 고달프고 힘이 들더라도, 이를 참고 견디며 착하게 살다 보면(비록 불합리하고 정의롭지 못하더라도 체제에 순응하면 복을 받게 되고) 사후 안락한 세상으로 갈 수 있다는 추상적이며 형이상학적인 인생관과 세계관이 토대다. 수구적인 보수성으로 나타나는 종교적 가치관은 현실적인 사회제도와는 배치되는 것으로서 능동적인 사회의 발전과 진보를 가로막는 이데올로기로 기능한다.

언론이 지향해야 할 사회적 목표는 체제의 개혁과 진보에 기여하는 것이다. 종교의 속성은 현실의 개혁과 타파를 부정한다. 때문에 종교자본을 지배받는 언론기업은 그 본질적 한계상 보수적인 시각에 안주할 수밖에 없다. 종교자본이 언론산업에 진출하는 것이 바람직스럽지 않은 이유다. <매일신문>이 한때 이승만 독재정권에 저항하는 매체로서 기능하였다고 하여 진보적 언론이라는 환상에 사로잡혀서는 안된다. 그것은 어디까지나 '정파지 시대'의 가톨릭언론에 주어진 소임이었다고 봐야 한다.

즉, 당시 <매일신문>과 <경향신문>은 가톨릭 자본의 언론사로서, 한국가톨릭이 가톨릭 신자였던 야당정치인 장면(張勉)을 지지했기에 야당지 역할을 수행했던 것이지, 언론의 속성 자체가 진보적인 세력을 지지했던 것은 아니었다. 그것은 장면 집권 후 학생과 지식인, 교사, 노동자, 농민 등 진보적인 세력이 주장하는 사회개혁에 대해 독재정권의 '저항지'로서 이들 신문이 지향했던 이데올로기의 정파성이 알레르기성 거부반응을 보인 데서도 그 기만성을 여실히 엿볼 수 있다(김영재, 2003, 157쪽).

<매일신문>은 제3공화국 이후 지역주의에 근거한 수구언론의 기수

로 뿌리내렸다. <매일신문>의 수구성은 배타적이고 폐쇄적인 TK성향과 맞물려 수구적인 이데올로기를 확대재생산하는 시스템을 양산해냈다. 여기에 지역선도지로서의 <매일신문>이 지닌 문제점이 있다. 그것은 비단 <매일신문>에 국한되는 문제가 아니라 TK사회가 풀어야 할 과제이기도 하다.

민족해방사 공간에서 일제시대에 활약했던 언론인들이 주축이 되어 범도민지를 표방하며 창간했던 <영남일보>는 지역언론기업 가운데 산업자본이 지배한 언론이라는 특성을 지녔다. <영남일보>가 처음으로 산업자본을 맞이한 것은 1956년 당시 내외방직(內外紡織)이란 섬유기업을 경영하던 이순희(李淳熙)를 자본주로 맞이하면서부터이다. 이후 <영남일보>는 이순희 가(家)의 족벌신문이 되었다가 전두환 정권의 1도 1사 정책에 걸려들어 <매일신문>에 흡수 합병되었다.

'동인제'로 창간한 <영남일보>의 창간 주체는 당시 일제의 식민지 정책을 효율적으로 수행하기 위해 언론기관으로 존재했던 언론인들이었다. 이들은 해방이 되자마자 재빨리 전국 지방지 최초로 '민족지'를 표방하며, 지역사회의 각계각층 유력인사를 전면에 내세워 신문을 창간했다. 일제 식민지의 주구 노릇을 했던 당시 지식인들의 '친일 죄과'에 대한 민족적 심판이 논의도 되기 전에 언론인들이 자숙자제하지 않고 신문을 창간, 언로를 장악한 것은 유감이었다(김영재, 2003, 44~50쪽).

언론으로서의 도덕성과 명분, 정체성이 떳떳하지 못한 <영남일보>는 민중들로부터 그다지 환영받지 못했다. 창간 당시 <영남일보>는 경쟁지인 <민성일보>나 <대구시보>에 비하면 보잘것없는 신문이었다. <영남일보>가 명실상부한 언론으로 발돋움한 것은 미군정과 이승만 독재정권이 군소언론 도태 정책의 실시와 더불어 진보적 신문을 '빨갱이'로 매도한 언론테러 등의 공작에 힘입은 바가 크다(김영재, 2003, 50~52쪽).

대구 유일의 종합지로 6·25동란을 맞았던 <영남일보>는 한때 10여만 부를 발행, 전국지 역할을 하는 등 최전성기를 맞았다. 그러나 대구가톨릭이 경제지였던 <남선경제신문>을 인수, 종합지 <대구매일신문>으로 개편한 다음 반이승만 노선을 천명했다. 여당 쪽으로 기울어진 <영남일보>는 급속히 경쟁력을 상실했다. 이후 경영난이 다가왔고, 친정부적일 수밖에 없는 기업자본이 지배하게 되자 <영남일보>는 더욱더 기득권을 옹호하는 매체로 굳어져 갔다. <영남일보>의 사주는 집권여당의 후보로 국회의원에 출마하는 등 정치와 재계를 넘나들며 이승만 독재정권의 유지와 권력안보를 위해 분투했다.

박정희 정권 출범 이후엔 대한민국의 모든 언론에 국가의 목적 달성을 위해 동원된 언론기관으로서의 소임이 공식적으로 부여됐다. 이로써 <영남일보> 또한 마음 푸근하게 체제안정에 기여하는 제도언론에 안착했다. 이런 성격은 '유신언론'에까지 이어졌다. 따라서 <영남일보>는 창간 이후 단 한 번도 민주언론으로서의 역할과 기능을 다하지 못하고 전두환 정치군부의 1도 1사에 걸려 강제로 간판을 내렸다고 할 수 있다.

87년 '6월민주대항쟁' 이후 민주화와 함께 언론시장이 개방되자 <영남일보>는 1989년 4월 19일 독점재벌 대우그룹과 갑을그룹의 합작에 의해 복간되었다. 복간된 <영남일보>는 대우의 자본 철수로 지역의 토착 독점재벌자본인 갑을그룹의 계열사에 편입되어 지역언론계에서 재벌언론으로서의 영향력을 유지했다. 하지만 IMF 이후 모기업이었던 갑을그룹의 부도와 함께 법정관리언론으로 전락해 언론으로서의 정체성과 생명력을 잃고, 언론사란 간판만 겨우 유지했다. 근근이 명맥만 유지해 오던 <영남일보>는 법정관리 최종시한 4년여 만인 지난 2004년 12월 9일 포항의 동양종합건설을 새 사주로 맞아들여 건설업자의 언론이 되었다.

族譜조작 언론

●족보위조 망동 / ●언론윤리 파탄 / ●언론불신 초래

한편 <대구일보>의 언론유전 또한 기구하다. 아니 정확하게는 스스로 구구한 족적을 지닌 언론사라 주장한다. TK언론 가운데 스스로 '제3지'를 칭하는 <대구일보>는 후안무치하게도 역사왜곡에 여념이 없다. 현재 <대구 일보>가 주장하는 지령과 창간일은 모두 허위이다. <대구일보>의 이 같은 '족보 위조'는 지방신문의 몰지각한 양심과 파탄난 도덕성이 어디까지 와 있는지를 극명히 보여준다. 이는 예삿일이 아니다. <대구일보> 자체만의 문제가 아니라 지역언론계 전체의 문제이다. <대구일보>의 역사왜곡은 자칫 지방신문을 '불신의 늪'으로 몰고 가 함께 공멸할 우려가 다분하다.

<대구일보>가 역사왜곡·족보조작이나 일삼는 신문사란 사실이 들통 나면 대구언론의 명예는 모조리 하수구로 곤두박질한다. <대구일보> 족보 위조가 지닌 가장 큰 본질적인 문제점은 지역언론사 전체를 도매금으로 싸잡아 도덕성이 바닥난 '인격파탄자'가 되게 하는 데 있다. <대구일보>가 무연고 조상의 족보가 탐난다고 하여 내 조상이라

우기는 '정체성'으로는 일본의 역사왜곡·교과서 조작을 탓할 수 없다. 이는 '뭐 묻은 개가 뭐 묻은 개를 나무라는 것'처럼 부끄러움을 모르는 짓이다.

<대구일보>는 판권란에 1994년 10월 15일자까지는 창간일자를 1989년 11월 1일자라고 했다. 그러나 그 다음 날부터는 느닷없이 1953년 6월 1일이라고 주장했다. 다시 『2006/2007 대구지역 업종별 전화번호부』에 게재한 광고에서는 1945년 10월 3일 창간, 1953년 6월 1일 재창간, 1989년 11월 1일 복간이라고 적고 있다. 이는 당시 일문지 신문사 <大邱日日新聞> 종사자들이 창간한 <대구일보>를 자기네 조상이라고 주장하기 시작한 것이다.

그럼에도 <대구일보>의 판권란 창간일자를 2008년 7월 23일자까지는 1953년 6월 1일자로 쓰다가 다시 2008년 7월 24일자부터는 1945년 10월 3일 창간으로 거슬러 올라간다. 참으로 변화무쌍하다. 그것은 이 신문이 서로 다른 세 신문의 족보를 하나로 끌어다 짜깁기 하면서 자신도 주체를 못 한 혼란에서 파생된 모순 탓이다.

<그림 2> <대구일보> 판권란

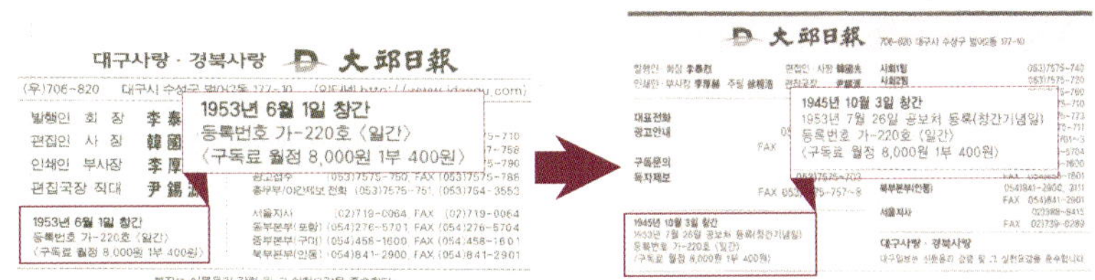

2008년 7월 23일자, 1953년 6월 1일 창간   2008년 7월 24일자, 1945년 10월 3일 창간

<대구일보>의 판권란에 창간년도를 2008년 7월 23일자까지는 1953년 6월 1일로 표시하고 있고, 2008년 7월 24일자부터는 1945년 10월 3일자라고 기록하고 있다. 『2006/2007 대구지역 업종별 전화번호부』 광고에서도 1945년 10월 3일로 표기하고 있다. 둘 다 진실이 아니다. <대구일보>의 정확한 창간 연월일은 2001년 11월 15일자이고, 굳이 족보를 꿰맞춰 거슬러 올라가자면 1989년 11월 1일자에 닿아 있다고 할 수 있다.

　없는 것을 있는 것처럼 억지로 조작하려다 보니 자신들도 헷갈려 오락가락한다. <대구일보>는 2006년부터 매년 7월 26일자에 창간 기념호를 발행하고 있다. <대구일보>는 판권란에서 1953년 7월 26일 공보처 등록일자라고 밝힌다. <대구일보>의 논리에 따르면 여상원(呂相源)의 <대구일보>는 공보처에 등록도 하기 전에 신문을 발간했다는 얘기다. 당시 신문발행이 허가제였음을 상기한다면 이는 신빙성이 전혀 없는 허무맹랑한 소리다. <대구일보>의 창간기념일은 6월 1일자(1953년·판권란), 10월 3일(1945년·전화번호부 광고 및 판권란)이 아니라, 11월 1일(1989년)이나 11월 15일[(2001년)이 아니라 현 <대구일보> 실제 창간일] 가운데 하나이어야 한다. 향토언론사에서 <대구일보>라는 제호를 쓰는 신문이 7월 26일자로 창간된 적은 없다.

　한국언론재단은 해마다 『신문방송연감』 제작을 위해 각 언론사에 자료제출을 요청한다. 연감에 등재된 기사된 기사과 언론학 연구의 기초자료라는 공신력을 부여받았다는 점에서 매우 중요한 의미를 지닌다. <대구일보>가 연감에 등재하기 위해 제출한 창간일, 지펼다.역대 대표자 자료는 무수한 모순으로 가득하다.

〈표 2〉 <대구일보>의 창간일, 지령, 역대 대표자 변동사항

연도구분	창간일	지령	역대 대표자
90	89. 11. 1.	90호(90. 2. 15. 현)	①고의식(현)
91	〃	392호(91. 2. 9. 현)	①고의식 ②박동식(현)
92	〃	705호(92. 2. 19. 현)	①고의식 ②박동식 ③박권흠(현)
93	〃	1000호(93. 2. 6. 현)	①고의식 ②박동식 ③박권흠 ④신해철(현)
94	〃	1319호(94. 2. 23. 현)	①고의식 ②박동식 ③박권흠 ④신해철 ⑤박권흠(현)
95	〃	7901호(95. 4. 8. 현)	〃

연도 구분	창간일	지령	역대 대표자
96	〃	〃	①고의식 ②박동식 ③박권흠 ④신해철 ⑤박권흠 ⑥조병로(현)
07	〃	8487호(97. 2. 26. 현)	〃
98	〃	8844호(98. 5. 1. 현)	〃
99/00	〃	9201호(99. 7. 1. 현)	①고의식 ②박동식 ③박권흠 ④신해철 ⑤박권흠 ⑥조병로 ⑦도상욱 ⑧박영규(현)
00/01	〃	〃	〃
01/02	−	−	−
02/03	53. 6. 1 창간 / 2000. 12. 20. 휴간 / 2001. 11. 15. 복간	9812호(02. 5. 22. 현)	①여상원 ②고의식 ③박동식 ④박권흠 ⑤신해철 ⑥박권흠 ⑦조병로 ⑧도상욱 ⑨박영규 ⑩성백진(현)
03/04	〃	10094호(03. 4. 23. 현)	①여상원 ②고의식 ③박동식 ④박권흠 ⑤신해철 ⑥박권흠 ⑦조병로 ⑧도상욱 ⑨박영규 ⑩성백진 ⑪이태열(현)
04/05	〃	10508호(04. 8. 23. 현)	①여상원 ②고의식 ③박동식 ④박권흠 ⑤신해철 ⑥박권흠 ⑦조병로 ⑧도상욱 ⑨박영규 ⑩성백진 ⑪이태열 ⑫이성근 ⑬김창해(현)
06	〃	10915호(05. 12. 31. 현)	①여상원 ②고의식 ③박동식 ④박권흠 ⑤신해철 ⑥박권흠 ⑦조병로 ⑧도상욱 ⑨박영규 ⑩성백진 ⑪이태열 ⑫이성근 ⑬김창해 ⑭안태전(현)
07	53. 6. 1	〃	〃
08	〃	〃	①여상원 ②고의식 ③박동식 ④박권흠 ⑤신해철 ⑥박권흠 ⑦조병로 ⑧도상욱 ⑨박영규 ⑩성백진 ⑪이태열 ⑫이성근 ⑬김창해 ⑭안태전 ⑮이태열 ⑯한국선(현)
09	45. 10. 3.	11840호(09. 3. 31. 현)	〃

* 1995년판에서 창간일은 1989. 11. 1. 그대로 두고 옛 〈대구일보〉의 지령만 합산했다.

** 『2002/2003년판 한국신문방송연감』에서 〈대구일보〉 초대 사장으로 옹립된 呂相源 사장은 1904년 5월 7일 경북 성주에서 태어나 1975년 9월 29일 사망했다. 〈대구일보〉 2대 사장 高義植은 1989년 11월 1일 金慶發이 창간한 신문사의 사장이다. 대구일보사는 제1대 사장 사망 이후에서 제2대 사장 취임에 이르기까지의 텅빈 역사 공간에 대해선 그 어떠한 설명도 내놓지 않고 있다.

*** 위의 〈표 2〉에서도 보는 바와 같이 창간일과 지령이 맞지 않는 등 〈대구일보〉의 족보조작 에는 허점 투성이다.

**** 출처: 『각연도판 한국신문방송연감』, 한국언론재단.

<표 2>에 나타난 자료는 강요에 의한 자료가 아니다. <대구일보>가 스스로 펴낸 자료다. 이 자료가 가짜이며, 조작이라는 근거는 첫째, 94년판과 95년판에서 지령 부풀리기가 이뤄졌다. 창간일과 역대 대표자는 종전과 변동 없으며 지령만 갑자기 부풀렸다. 논리적으로 말하면 이는 지난 1년 사이에 <대구일보>가 하루에도 수십·수백 번씩 신문을 발행했다는 얘기다. 현실상 있을 수 없는 거짓말이다.

둘째, 2002/2003년판에서 적시한 창간일, 휴간일 또한 진실성이 없다. 이 자료는 '여상원(呂相源)의 <대구일보>'가 53년 6월 1일 창간하여 2000년 12월 19일까지 발간되었다가, 그 다음날 휴간한 것으로 오인케 한다. '여상원의 <대구일보>'는 1972년 3월 31일 폐간했다. <대구일보>는 존재하지도 않았던 유령신문의 역사를 은근슬쩍 연륜 더하기에 끼워 넣었다.

셋째, <대구일보> 대표자로 등재된 초대사장 여상원 문제다. 여 사장은 <대구일보> 폐간 후 3년만인 지난 1975년 9월 29일 사망했다. 그러나 <대구일보>의 역대 대표자에 초대 사장으로 등재됨으로써 이미 고인이 된 여 사장이 1989년 11월 1일까지 살아있던 사람으로 둔갑되었다. 이런 해석이 아니라면 <대구일보>의 역대 대표자가 초대사장에서 제2대 사장으로 정통성의 맥을 잇는 것은 성립할 수 없는 명제다.

넷째, 2009년판에 이르러서는 아무 설명 없이 다시 창간일자가 53년 6월 1일에서 45년 10월 3일로 변동되었다. 희한한 것은 창간일자는 변동되었는데, 지령은 그대로다. 무려 9년 동안이나 신문을 발행했다면 지령이 2,000~3,000호가 증가되어야 논리적 타당성을 지닌다. <대구일보>의 역사에서는 창간일자는 변동되었으면서도, 지령변동은 없었다. 이성적으로 말하면 이는 스스로 창간일자를 제멋대로 늘려 잡았다는 얘기다.

〈사진 8〉 〈대구일보〉 창간 63주년 기념호.

대구·경북의 아침을 연 신문, 대구일보가 지역 최초의 우리말신문으로 1945년 10월 3일 창간됐음을 밝힙니다.

대구일보는 2006년 9월 1일 '대구일보 사사편찬위원회'를 구성해 대구일보의 뿌리 찾기에 나섰으며, 오는 10월께 '대구일보 사사' 발행 기념행사를 가질 예정입니다.

사사편찬위원회에 따르면 1945년 8월 15일 해방이 되자 그동안 대구시보(대구일보 창간 당시의 제호)를 운영하던 일본인들이 본국으로 돌아가면서 대구시보에 종사하던 한국인 기자들은 이제 '우리 손으로 우리 민족신문을 만들자'라는 신념으로 대구일보 창간에 뜻을 모았습니다. 당시 사원 대표로 이우백 씨가 대구일보의 모든 인적, 물적, 시설의 관리를 맡았으며 미군정 하지 중장으로부터 대구일보 간행을 허가받아 그해 10월 3일 창간 기념식을 갖게 됐습니다.

대구일보 창간에는 사장에 장인환씨, 부사장에 여상원씨, 이사에 삼성그룹 창업자인 이병철씨, 중국에서 독립 운동을 하다가 옥고를 치른 윤홍렬씨, 편집국장에 민중신학자이며 '대구 10월 민중항쟁'을 주도했던 최문식씨, 주간에 이홍로씨, 이상화 시인의 동생인 이상오씨, 시인 백기만씨 등이 참여했습니다.

사사편찬위원회가 밝힌 대구일보 63년의 역사는 그야말로 고난과 영광의 연속이었습니다.

대구일보는 서슬 퍼런 군정의 보도 관제에도 불구, 1945년 12월 31일자에 '신탁 통치 반대 군정 한인관리 총사퇴' 제하의 기사를 보도했습니다. 군정은 이를 빌미로 1946년 1월 2일자로 정간의 아픔을 안겼습니다. 이는 해방 이후 한국 언론사 최초의 검간 필화(筆禍)입니다. 이어 빈탁 논조의 기사요 사설 등으로 이승만 정부에 의해 1949년 3월 두 번째 정간을 당하는 불운을 겪게 됩니다. 이후 대구일보는 역사의 격랑에 빠졌다가 여상원 등 지역 상공인과 독립운동가 등의 노력으로 1953년 6월 1일 속간호를 발행하게 됐습니다.

이후에도 대구일보는 바른말하는 신문으로 언론 본연의 역할을 다했습니다.

⇨ 2면에 계속

〈대구일보 사사편찬위원회〉

<대구일보>의 족보조작이 얼마나 근거 없고 엉터리인가 하는 점을 역사는 이어받았다고 하면서 지령을 잇지 못하는 것에서도 그 실체가 드러난다. 2008년 7월 26일자로 발간된 <대구일보> 창간 63주 면 기념호의 지령은 고작 11,667호이다. 이 지령은 1989년 11월 1일 창간된 <대구일보>의 지령에다가 1953년 6월 1일 창간된 <대구일보> 지령이 합쳐진 숫자이다. 1945년 10월 3일 창간된 <대구일보>가 제 조상이라면서, 정작 조상의 연륜[紙齡]은 더하지 못한다. 원조상의 지령조차 잇지 못하면서 오로지 이름만 같다고 '어르신이 내 조상'이라는 것은 <대구일보>의 천박한 몰역사성을 드러내는 것 외에 아무런 의미가 없다.

<대구일보>는 여태껏 족보조작을 하면서 언론계나 언론학계에 단한 번도 어떠어떠한 명분으로, 어찌어찌하여 현재의 <대구일보>가 1953년 6월 1일 창간한 <대구일보>의 지령과 역사를 정통성 있게 잇게 되었으며, 또 어떠어떠한 명분으로, 어찌어찌하여 현재의 <대구일보>가 1945년 10월 3일 창간했다가 두 달도 채 못 돼 발간을 중단했던 <대구일보>의 지령과 역사를 정통성 있게 잇게 되었다는 사실을 논리적으로나 역사적으로 밝힌 바 없다.

현재의 <대구일보>가 '족보를 조작했다'는 오명을 벗어나려면 전 <대구일보>의 창간 도덕성과 현 <대구일보>의 창간 도덕성이 이런저런 점에서 일치하고, 또 법적으로나 윤리적으로도 이런저런 사유로 그 정통을 이어받았다는 진실을 지역사회와 대구언론사에 당당하게 내놔야 한다. 그래야만 <대구일보>의 정통성이 비로소 확립된다.

<대구일보>의 실제적 진실은 2001년 11월 15일 창간이 맞다. 굳이 족보의 연계성을 주장하고자 한다면 견강부회하게 해석하여 1989년

11월 1일자에 닿아 있다고도 주장할 수 있다. 그 외의 역사는 모조리 <대구일보>의 것이 아니다. 타인의 것을 무단 사용하면서 자신의 것이라고 우기는 것이다.

따라서 <대구일보>가 주장하는 창간년도와 창간일은 진실이 아니다. 모두가 손바닥으로 하늘을 가리려는 '새빨간 거짓말'이다. 진실을 말해야 할 언론사가 자신의 정체성부터 독자를 속이는 것이다. 지역의 독자라면 누구나 다 <대구일보>의 연보조작과 기만성에 대해 소상히 알고 있다.

대구지역에서 언론으로서의 <대구일보>가 차지하는 비중은 그다지 높지 않다. 있어도 그만 없어도 그만인 그저 그런 신문에 불과하다. 타 지역민들이 이와 같은 진실을 직시할 수만 있다면 <대구일보>의 족보조작 놀음은 천하의 '비웃음거리' 외에 다른 의미를 찾을 수 없다. 만에 하나 <대구일보>의 역사왜곡에서 간과하지 않을 수 없는 것은 혹시 지역 외 독자가 <대구일보>를 "대구지역을 대표하는 언론사로 인식하지 않을까"를 우려해서이다.

문제는 <대구일보>의 족보조작 타령이 지역민 외에게 미치는 '진실의 오도'이다. 이미 지식검색의 '1번지'라는 <네이버(naver)>에서도 그 부작용이 고스란히 재현된다. 『두산백과사전』을 전재한 기사는 <대구일보>의 족보를 "8·15해방 직후의 일문지 <대구일일신문>을 여상원(呂相源)이 인수, 1953년 6월 1일 창간했다가 1972년 3월 30일 김대중 후보의 전단지 인쇄사건으로 폐간됐다"고 주장한다. 이어 "1989년 11월 1일 복간, 2000년 폐간, 2001년 11월 15일 재창간, 2002년 12월 29일 지령 10,000호 돌파 등"으로 소개한다. 오류다. 엉터리다. 정확하지 않은 정보다.

향토언론사에서 <大邱日報>라는 제호를 지닌 신문이 처음 등장한 것은 왜정시대인 1906년 12월에 창간한 일문지였다. 그러다가 해방사 공간에서 당시 일문지 <大邱日日新聞>에 재직 중이던 조선인 언론인들이 건준 등의 영향을 의식해 <대구일보>를 창간, 뒤 달 정도 발행하다가 '적산지' <대구시보(大邱時報)>로 개편된 신문으로 나타난다. 1953년 6월 1일 당시 향토실업계의 중진으로서 동신섬유(東新纖維)라는 기업을 운영하고 있던 여상원이 휴간 중이던 <대구시보>의 시설을 불하받아 <대구일보(大邱日報)>를 창간함으로써 비로소 '정통성(?)' 있는 <대구일보>가 출현하게 됐다.*

현재의 <대구일보>는 처음에는 이 신문의 역사와 지령을 이어받았다고 주장하다가, 다시 오늘날에는 적산지 <대구시보>의 전신이었던 <대구일보>의 역사를 이어받았다고 주장한다. <대구일보>의 '<대구일보> 역사 타령'의 실제는 제호 글자만 동일하다는 것 외에 아무런 관련이 없다. 해방사 공간의 <대구일보>는 <대구시보>로 개편되어 경북도의 기관지 노릇 등을 하다가 이승만 정권에 의해 강제 폐간된 신문이며, 여상원의 <대구일보>는 프레스카드 발급을 미끼로 기자들로부터 금품을 수수 갈취하는 등의 비위사실이 적발되어 1972년 3월 31일 박정희 정권이 실시한 사이비언론 정화조치에 걸려 폐간된 실체가 전혀 다른 신문이다.

지역언론계에 <대구일보>라는 제호를 지닌 신문이 다시 등장한 것은 1989년 11월 1일이었다. <경향신문> 대구주재기자를 지낸 김경발

---

2) 呂相源의 〈大邱日報〉는 신문을 창간하면서 〈大邱時報〉의 지령을 잇지 않았다. 그 정확한 이유는 알 수 없다. 다만 한 가지 유추할 수 있는 것은 아마도 '새 〈大邱日報〉'의 사주 여상원이 〈大邱時報〉나 그 전신이었던 '옛 〈大邱日報〉'의 도덕성이 '새 〈大邱日報〉'가 잇기엔 함량미달이라고 여긴 탓으로 볼 수 있다. '새 술은 새 부대에'라는 말처럼 여상원은 '새 〈大邱日報〉'의 역사를 창조하려는 마음이 앞선 것 아닌가 한다.

(金慶發)은 <대구일보>를 창간하고, 경영권을 서광종합건설(대표 朴相喆)에 넘겼다. <대구일보>는 1994년 10월 16일자부터 느닷없이 여상원의 <대구일보>의 지령 승계를 선언했다. <대구일보>는 그 후 보성주택(대표 金相喬)을 새 사주로 맞았다가 IMF와 함께 모그룹의 몰락으로 98년 2월 14일 최종 부도 처리됐으며, 2000년 12월 31일 자진 폐간했다.

부도 이후에도 <대구일보>를 지켜왔던 사원들은 이듬해인 2001년 11월 15일 새 <대구일보>를 창간해 오늘에 이른다. 오늘의 <대구일보>가 여상원의 <대구일보>나 적산지 <대구일보>의 정통성과 지령을 승계한 신문이라고 주장하기 위해서는 김경발의 <대구일보>와 박운흠(朴雲欽) 등 사원들이 주동돼 발간한 <대구일보>가 모두 속간호를 발행했어야 했다. 법률적으로도 법인의 승계가 이뤄졌어야 했다. 그러나 이들은 하나같이 창간사를 싣고, 창간호를 발행했으며, 그때마다 새 법인으로 등록신청을 했다. 이는 스스로 새 신문이라고 선언해 놓고는 다른 한편에서 타인의 무연고 족보가 탐난다 하여 내 조상이라고 우기는 것과 같다. 창피한 줄도 모르고 '족보'마저 버젓이 위조하는 <대구일보>의 지령 승계 운운 타령은 마치 유서가 깊은 언론사인 양 독자들을 속여 제3지로서의 위상을 공고히 하겠다는 얄팍한 속셈에서 기인하는 것으로, 스스로 바닥난 윤리의식을 만천하에 떠벌리는 것과 다를 바 없다(김영재, 2003, 364~373쪽).

<대구일보>의 족보조작은 허위와 거짓과 기만으로 가득 차 언론의 자존심을 깡그리 부정하고 형해화시킨다. 대구경북언론은 이런 후안무치한 언론을 '동업'으로 여겨야 한다. 얼마나 창피한 일인가. 그런데도 지역언론계는 침묵으로 일관한다. <대구일보>가 지역언론 전체에

대해 "우리 함께 쓰레기통으로 들어가자"고 발목을 잡고 늘어지는데도 그냥 무덤덤하다. 거짓이 진실의 탈을 쓰고 지식검색 네트워크를 오염시키는데도 그 어느 누구 한 사람 나서지 않는다. 그 많은 TK지역의 쟁쟁한 언론인도, 언론학자들도 모조리 눈감고 있다. 왜 그럴까? 그것은 결국 언론혼과 역사의식이 그만큼 결여되어 있기 때문이라고 해석할 수밖에 없다.

언론의 생명은 '정직'이다. <대구일보>는 그다지 정직하지 못하다. 현 <대구일보>의 사시는 "반듯한 지역언론 빛이 되는 일류신문"이다. 사시는 기업이념이 총체적으로 압축된 언어이다. 기업이 지향해야 할 목표를 상징적으로 말해 준다. <대구일보>가 스스로 나아갈 방향이라며 천명한 '반듯한 언론'이란 어떤 언론을 말할까. 두말할 나위 없이 그 핵심적 요체는 '정직한 언론'일 것이다. 언론이 반듯하게 정직하여야만 겨레와 지역사회에 빛이 되는 일류신문으로 존재할 수 있고, <대구일보>는 비로소 그 목표에 이를 수 있을 것이다.

그런데도 <대구일보>가 그다지 자랑스럽지도 않은 조상의 행적을 자기네 것이라고 조작하는 것은 그 정신적 타락의 한계를 스스로 드러내는 '망동'이라 아니 할 수 없다. <대구일보>의 창간 '60갑' 타령 운운은 결국 언론의 명예를 심각하게 훼손하고, 언론의 불신을 가중시키는 것 외에 실익이 전혀 없다.

단연코 말하거니와 <대구일보>의 63주년 운운은 역사조작이며, 자기정체성의 왜곡이다. 이는 또한 <대구일보>뿐만 아니라 지역사회 언론 전체에 불신을 초래하는 도덕적 인격 파탄의 선언이다. 역사를 왜곡 조작하는 것은 지식인 사회의 가장 파렴치한 범죄이다. 더구나 간과할 수 없는 것은 <대구일보>는 사회적 정의를 구현해야 할 언론사가 아닌가 말이다. 누구보다 앞장서 역사의 바로잡기에 나서야 할 집단이 자신의 족보부터 가짜를 들고 나오는 것은 지역언론을 정신적으로 강간하는 것과 다를 바 없다.

<대구일보>는 케케묵은 '유령'을, 그것도 별로 자랑스럽지도 못한 '망령'을 끌어다 자신을 치장하는 데 몰두할 것이 아니라 21세기 대명천지에 태어났으면 그에 걸맞은 연륜을 하나하나 쌓아야 한다. 아무리 서툴고 미숙하다 할지라도 자신의 것이 의미 있지, 남의 귀신은 아무리 좋아도 가치가 없다. 역사왜곡과 조작으로 '거짓'과 '허위'로 도배하지 않고, 언론자유화 시대에 태어난 자신의 정체성만 바로 세웠어도 최소한 열 살, 많게는 열아홉 돌, 스무 살 청년이다. 그 패기로 '젊은 신문'을 구가하겠다면 시장 포지션 전략에서도 더욱 유리하다. 그럼에도 <대구일보>는 실체도 전혀 없는 '귀신놀음'에 탐닉해 자신의 장점을 스스로 부정하고, 도덕성에 파탄난 신문임을 천명함과 동시에, 지역언론계 전체를 언론불신으로 몰아간다. 안타까운 일이 아닐 수 없다.

필자가 과문한 탓인지 모르겠으나, 전세계적으로 자신의 족보를 조작하는 언론사가 있다는 말을 일찍이 들어본 적이 없다. 더욱 경악할 것은 지역언론사·지역언론인은 TK언론이니까 그렇다손 치고, 지역언론학계에서조차 이에 대해 따끔히 지적하는 사람이 없다. 이를 어떻게 해석해야 할까? 정녕 언론계에 이어 언론학계마저 'TK화'된 것일까? 그렇다면 TK언론은 희망의 끈을 어디에서 찾아야 할지 모르겠다.

무릇 "모든 사물에는 근본과 말단이 있고, 일에는 처음과 끝이 있는 법이다. 앞뒤의 선후를 잘 요량하면 반드시 진리에 가까이 갈 수 있다(『大學』: 物有本末　事有終始　知所先後　則近道矣)."는 것이 우리네 인간사의 법칙이다. 언론의 얼굴은 결국 수용자가 책임져야 한다. 많은 양식 있는 지성은 현재의 언론상황에 대해 동의하지 않는다. 대구언론이 반골기질과 저항정신을 회복하여 역사발전을 추동하기란 구조적으로 쉽지 않을 전망이다. 진보와 개혁, 변혁의 몸부림이 저 아득한 심연에서부터 활갯짓을 한다. 우리 모두 참 신문인의 신문이며 민중들의 신문인 민주언론 건설운동에 나서자. 이를 통해 언론개혁과 사회개혁을 이루어 온 국민이 주인 된 세상을 열어야 한다. 그것은 시대적 소명이다(김영재, 1997, 107쪽).

<☺ 2006. 2. 15. / 2008. 7. 26. 더함.>

『대구일보사사』와 언론윤리

● 함량미달 사사 / ● 지성실종 역사관 / ● 후안무치 양심

<대구일보>의 족보위조 하이라이트는 사사의 발간이다. <대구일보>는 지난 10월 28일 창간 63주년을 맞았다며 『대구일보사사』를 펴냈다. 이를 어떻게 해석해야 하나. 아무리 TK사회가 정체성의 늪에 갇혀 '자기만의 세계'에 안주하고 있다지만 언론마저 이러해서는 안된다.

지역사회 언론과 언론인들, 언론학계, 언론운동단체는 <대구일보>의 역사왜곡 망동에 침묵으로 일관한다. 왜 나 홀로 분개해야 하는가. 필자는 그 이유를 모른다. 필자는 지역사회의 공적인 담론 생산과 유통을 촉구한다. 이 글에서는 지극히 개인적으로 『대구경북언론사』의 저자로서, 『대구일보사사』에 대해 비판하고, 잘못된 점을 바로잡고자 한다.

사사란 본디 종사자의 자긍심 고취와 단결도모, 사세의 홍보 등을 위한 설득커뮤니케이션이라는 성격을 지녔다. 그러나 아무리 선전이라 할지라도 사사도 엄연히 역사이다. 역사의 생명은 정론직필에 있다. 포폄이 결여된 춘추필법을 역사라 하지 않는다. 이는 역사를 기록하는 사가의 기본적인 도덕과 윤리이기 이전에 상식이다.

『대구일보사사』는 유감스럽게도 지식인들이 무책임하게 내놓은 위서라 아니 할 수 없다. 사사편찬위원장 홍경표(대구가톨릭대 교수)는 편찬사에서 "지난 2006년 9월 1일 자신을 포함해 김용락(시인·경북외국어대 교수), 이필동

(연극인·경주엑스포 기획실장), 최준(대구일보 논설위원), 한국선(대구일보 사장) 등으로 사사편찬위원회를 구성하고, 2년여 준비 끝에 사사를 발간하게 됐다.”고 경위를 밝혔다(『대구일보사사』, 21쪽).

『대구일보사사』는 저자와 출판사의 동의도 없이 『대구경북언론사』를 무단 인용, 전재했다. 저작권을 위반했다. 그 사정은 충분히 이해한다. 아직까지는 필자를 포함한 한국 지식인사회의 일반적인 풍토니까 말이다. 하지만 인용을 하려면 정확하게 빌려다 쓰는 것이 지식인의 도리이기 이전에 원저자에 대한 기본적인 예의이다. 『대구일보사사』는 졸저 『대구경북언론사』를 인용하면서, 군데군데 심대한 오류를 범했다. 그중 가장 유감스럽게 생각하는 부분은 1972년 3월 31일자로 단행된 <대구일보>의 폐간 부분이다. 『대구일보사사』는 이르기를

“한 지역 언론 연구자(김영재, 『대구경북언론사』, 커뮤니케이션북스, 2003, 212~220쪽)에 의하면 1972년 3월 31일자로 폐간 조치된 여상원 체제의 〈대구일보〉 휴간 배경은, 그것은 1972년 제7대 대선을 앞두고 박정희 집권당 후보와 김대중 야당후보가 선거유세에 돌입해 있을 때에 김대중 야당후보의 선거유세에 쓰인 선전 전단을 대구일보사 인쇄시설에서 해 주었다는 사실이다. 따라서 지역에서 유세를 벌이는 두 후보자 가운데 야당의 전단지를 여당지로 처신했던 대구일보사가 해 줄 수 있느냐, 암묵적으로 야당후보자의 선거 전략에 이런저런 차단이 없지 않을 상황에서 지방 언론사 하나가 그런 배신적 행위를 할 수 있느냐 하는 ‘괘씸죄’ 때문…….”

이라고 하였다(『대구일보사사』 136쪽).

이건 마치 필자가 『대구경북언론사』에서 <대구일보>의 폐간 사유를 김대중 후보의 전단지 인쇄 때문이라고 ‘권위’를 부여한 듯 기술했다. 필자는 단연코 그와 같은 말을 한 적이 없다. 이 논리는 현 <대구일보>가 내내 여상원의 <대구일보> 폐간에 대해 늘 주장해 왔던 말이다. 독자 여러분의 바른 이해를 돕고 오해를 바로잡기 위해 진실을 말하면 “‘여상원의 <대구일보>’ 폐

간은 당시 <대구일보>에 만연했던 언론비위 때문에 언론사 정화조치의 일환으로 폐간된 것이지, 권력의 탄압 운운은 말도 되지 않는다.”는 것이 필자의 일관된 주장이다(『대구경북언론사』, 216~219쪽).

다음으로 또 당시 <대구일보>는 사고에서도 밝힌 바와 같이 ‘폐간한다’고 했지, 휴간을 운운한 바가 전혀 없다. 그런데도 『대구일보사사』는 “……1972년 3월 31일자로 폐간 조치된 여상원 체제의 대구일보 휴간 배경은…….” 운운하며 말도 안 되는 모순된 소리를 한다. 없는 족보를 조작하려다 보니 앞에서는 ‘폐간’이라 해 놓고 바로 뒤에서는 ‘휴간’이라 말하는 교묘한 표현으로 독자를 기만하려 드는 것이다.

더욱 서글픈 것은 초등학교 논술문만도 못한 문장 구성법으로 필자의 얼굴에 먹칠을 했다. 『대구일보사사』가 앞에서 적시한 문장에 대해 독자들은 필자가 그렇게 썼다고 오인하지 말기를 바란다. 아무리 필자가 글을 쓸 줄 모르는 천학비재라도 그 정도까지는 아니다. 최소한 문장을 쓰면서 중문, 복문 등 문장 구성법에 대해서는 신경을 쓴다. 그런데 『대구일보사사』는 그조차 결여돼 있다.

지방신문이 바로 서기 위해서는 지역언론사가 반듯하게 기술되어야 한다. 아무리 제 자랑이 급급하기로서니 부실공사에 필자까지 끌어들여 욕을 보이는 데는 개탄스럽기 그지없다. 필자의 삶이 넉넉하다면 마땅히 ‘가처분 신청’ 등 법적 절차를 통해 이번에 발간된 『대구일보사사』는 유통을 금지시켜야 할 위서이다. 그러나 가난한 선비에겐 현실적으로 그럴 만한 능력이 없다. 기회가 된다면 『대구경북언론사』의 개정판으로 보완을 도모할 수밖에 없는 처지다. 『대구일보사사』는 ‘무지한 언어의 역사 테러’ 외에 다른 뜻을 부여할 수 없다.

사람이 부끄러움을 모르면 인간이 아니다. 짐승과 다를 바 없다. 하물며 바른말과 바른 글로 먹고사는 언론이다. 도무지 염치와는 담을 쌓은 듯한 무리와는 더 이상 사람의 말을 섞고 싶지 않다. 대신 지역사회의 모든 언론 관계자들에게 묻지 않을 수 없다. 모두에서도 얘기했듯이 『대구일보사사』는 필자만 관계된 사적 문제인가. 아니면 지역사회 언론 전체의 공적 문제인가. 필자는 지역사회 언론 관계자들의 '침묵의 카르텔'을 깨뜨리기 위해 오늘도 분주히 "시민언론의 창간"을 외치며 다닌다.

<☺ 2008. 10. 30.>

4 TK언론학계와 시민언론운동은 어디에 있는가

단하기 그지없는 지역사회의 정체성을 깨뜨려야 할 주체는 학계와 시민운동이어야 한다. 필자는 30여 년 가까이 지역의 폐쇄성 타파를 주창해 왔다. 많은 지성이 필자의 논지에 알레르기적인 거부반응을 일으켰다. 결코 "그렇질 않다"는 것이다. 언론이 지역사회를 바르게 비춰 주면, 지역민들이 그 사실을 보다 쉽게 알 수 있으련만 현실에선 언론조차 우물 안에 갇혀 있어 진실을 알기란 더욱 어렵게 한다.

필자는 이를 '운동'이라 일컬으며, 이제 그 힘을 나눠질 동지를 간절히 원한다. 이번 장은 필자의 지방언론개혁과 민주언론건설에 동참할 인재를 삼고초려 하려는 '초대장'이다. 독자 여러분들의 성원을 널리 구하며, 언론학계와 시민사회를 조감한다.

🖫 실학과 허학

●언행일치 학문 / ●현장실무 언론학 / ●사대주의 신봉

학문의 본질적 목적은 실생활을 개선하고 진보시키는 원동력으로 작용하는 데 있다. 학문의 존재이유는 진보적 이론[知識]을 행동으로 실천하는 것이다. 언행일치(言行一致)·학행일치(學行一致)가 그것이다. 학문은 현실구조를 분석할 정교한 이론적 틀을 갖춰야 하며, 그 대안을 제시할 비전을 지녀야 한다. 학문은 언제나 깨어 있는 눈으로 현업을 비판하고 감시할 의무가 있다. 그것이 학문이 존재하는 근본적 이유이다.

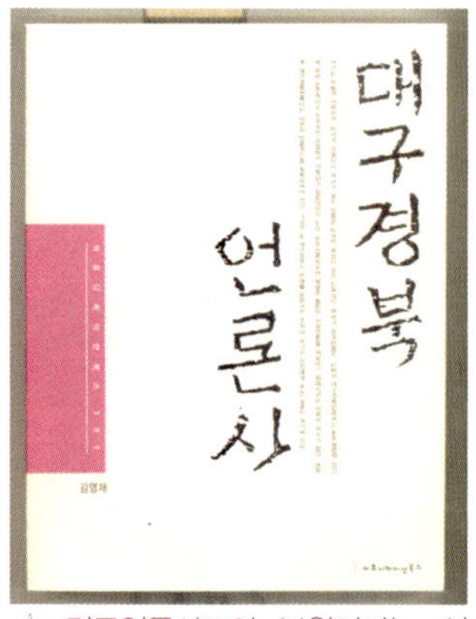

〈사진 9〉 『대구경북언론사』 표지

🖋 민주언론사로의 복원이라는 실천적 사관 아래 저술된 저자의 대구경북언론사(커뮤니케이션북스 간, 2003년).

학문이 현 업계와 동떨어져 '연구'를 핑계 삼아 이론세계에 안주하고, 홀로 고상하면, 그것은 '죽은 학문'에 불과하다. 현실에 부대끼면서 현 업계와 더불어 고민할 때, 비로소 펄펄 살아 있는 '현장 학문'으로서의 의미를 지닌다. '신문방송학'은 이러한 이유로 설립된 학문이다. 필자는 지방언론 현 업계를 위한 '실무언론학'으로 『대구경북언론사』(커뮤니케이션북스, 2003)를 펴낸 바 있다.

대단히 외람되지만 지역의 언론학계나 언론인 가운데 그 책이 발행된 사실을 아는 사람은 얼마나 될까? 이 책을 당연히 구비하여야 할 지역 대학의 신문방송학과 자료실은 물론, '학문의 전당'이라 일컫는 대학도

서관에조차 비치하지 않는다. 이는 무엇을 말하는가. 특히 언론학 교수들은 직업적으로, 전문적으로 언론학을 공부하시는 분들이다. 물론 책을 발간한 이후 학계나 언론계에 제대로 알리지 못한 필자와 출판사의 게으름이 전제되어야 한다. 그러나 언론학 전문출판사에서 펴낸 도서임을 감안하면 조금만 관심을 기울였다면 금방 알 수 있는 문제이다.

여기서 이 책이 학문적 수준을 담보하고 있다거나, 거창한 지식을 담고 있다든지는 별개의 문제다. 『대구경북언론사』는 대구경북언론의 과거와 현실, 미래에 관심이 있는 일반 독자들이 지역의 언론을 바르게 이해하는 데 기여했으면 하는 목적에서 저술한 저서이다.

최소한 학술적으로 대구경북언론학의 첫걸음을 떼놓았다는 점에서는 지역언론학계가 한 번쯤은 관심을 기울일 책이다. 주지하다시피 뉴스의 개념에는 지리적 근접성이라는 것이 있다. 인간은 원래 나와 가까운 사람, 지역에 대해 관심을 갖는다는 것이다. 언론학에서는 거시사보다는 미시사가 우선이라고 말하나, 적어도 언론학계에서는 이 말이 정반대로 적용된다. 즉 세계언론사를 줄줄 꿰어야 유능한 지식이며, 한국언론사를 줄줄 외워야 참 지식이고, 지역언론사는 공부할 가치조차 없다고 아예 무시하는 따위이다.

이는 학문의 사대주의다. 지방언론이 풀뿌리 민주주의의 초석이라 할 지역언론을 무시하고, 중앙언론을 신줏단지 모시듯 한다. 서울언론은 세계의 유수언론에 깜빡 죽는 시늉까지 해댄다. 학계는 어떤가? 조선시대의 언론을 외면하고 현학적이고 고답적인 서양 선진국의 언론이론을 졸졸 따라다닌다. 물론 독일언론학의 정교하고도 사려 깊은 분석이론과 미국언론학의 실천적 저널리즘이 전혀 필요 없다는 말은 아니다. 서구언론학도 소중히 천착하고 궁구하여야 할 학문임에는 틀림없다.

서구언론학은 한국·한국인을 위한 학문이 아니라 본질적으로 그들의 사상과 제도를 위한 언론이론이자 언론사상이다. 그것이 이 땅을 딛고 사는 우리 사회, 우리 언론에 얼마만큼 실질적인 방향을 제시하고, 발전의 틀을 다졌는지에 대해서는 의문이다. 필자는 서양언론철학은 줄줄 꿰면서도 조선시대의 언론사상은 천시하는 현재의 언론학이 공리공담에 빠져 허학(虛學)으로 전락했다고 선언한다.

한국의 언론·언론인이 서양제국주의의 이론과 형식, 그 사상을 일방적으로 추종하고 맹종할 때, 민족의 주체성과 정체성을 지닌 학문과 제도가 성장할 수 없음은 상식이다. 그 학문은 아무리 뛰어나다 할지라도 '흉내' 내기에 급급한 '아류'밖에 되지 않는다. 우리는 그동안 '근대화'란 미명하에 우리의 것을 죄다 내다 버리고 서양의 '아류'를 '하느님'처럼 숭배해 왔다. 학문적 바탕은 민족적 영성 위에 바탕을 두어야 비로소 주체적인 학문, 살아 있는 학문을 이룰 수 있다.

한국의 언론학계가 이론적으로 서구학문으로부터 사대주의적 노예근성에서 해방되지 못한 현실은 곧 언론의 맹목적인 서구언론 추종주의, 맹신주의로 나타난다. 지역의 언론학계가 지역언론사를 무시하는 사이, 언론 현 업계에서는 '족보조작', '역사왜곡'이라는 '망동'까지 서슴지 않게 됐다. 지역의 언론을 감시하고 비판해야 할 언론학계와 시민사회가 얼마나 한심스럽고 우스웠으면 이런 작태까지 공공연히 벌이게 되었을까를 생각하면 참으로 통탄할 일이 아닐 수 없다.

학문의 시장은 언제나 격동의 소용돌이에 휩싸여 첨예하게 부딪히고 깨져야 한다. 그래야 그 속에서 앙금만 남은 '학문의 정수'가 배출된다. 학문의 안정은 퇴보를 의미한다. TK언론학계는 최소한 '보수화', 아니 수구화에 안주한다. 언론학계가 "가만히 있으면 교수로서의 부와 명예가 보장되고 있는데 괜히 앞에 나서서 문제를 일으킬 필요가 있는가"라는 보신주의적 매너리즘을 깨뜨리지 않는 한 학문의 진보는 고사하고, 학자로서의 존경도 있을 수 없다.

📁 언론학계 현실

●사회공익 회피 / ●이해타산 몸보신 / ●학위장사 일조

이번에는 보다 노골적으로 언론개혁의 한 축을 담당해야 할 의무가 있는 TK지역 언론학계와 시민사회와의 관계를 한번 들여다보자. 가령 '민주언론시민연합(민언련)'이라는 언론운동단체가 있다. 전·현직 언론인을 비롯하여 일반 시민·학생·교수 등이 참여하여 <한겨레신문>의 창간을 일궈 냈던 '언론운동의 기념비적인 시민단체'이다. 여기에는 먼저 각성된 언론인의 참여가 전제된다. 그리고 그들을 뒷받침할 신문방송학과 대학교수들의 참여가 요구된다. 언론인과 언론학자는 민언련을 구성하는 양대 축이다.

서울민언련을 필두로 전국적으로 민언련이 조직돼 언론개혁운동과 민주언론운동을 활발히 전개한다. "언론개혁 없이 사회개혁 없다"는 명제를 머리[언론학자·이론]로, 몸[언론인·행동]으로 체감한 일련의 자주적인 민주시민에 의해 조직되고 운영되는 이 단체의 결성을 위해 필자는 1992년부터 동분서주했다. 하지만 커다란 벽에 대고 말하는 것과 같았다. 98년 이후 IMF와 함께 지역언론계가 초토화되면서 '자

의 반 타의 반'으로 언론계에서 비켜나게 된 언론인들에게 지역언론 개혁운동과 대안언론건설을 제안했다. 이 또한 광야에서 나 홀로 외치는 메아리와 같았다.

다시 세월이 흘러 새 밀레니엄이 도래했다. IT산업이 급속도로 발전하면서 언론산업 환경이 급변하기 시작했다. 특히 민주대통령시대의 출범과 함께 제도적으로 언론시장의 진입장벽이 완화됐다. 여기에다 IT산업의 대중화는 장치산업인 언론산업의 투자규모를 가볍게 했다. 그 틈을 타 언론의 의미를 지니지도 못한 채 귀중한 자원만 낭비하는 '쓰레기언론'이 창궐했다. 아니 지금 이 순간에도 어디선가 무책임하기 그지없는 '사생아언론'이 태어나고 있다. 이는 진실이 아니다. 시대가 요구하는 새 신문의 창간에 20여 년의 세월을 쏟은 필자는 좌절할 수 없었다.

지역사회에서 '대구경북민주언론시민연합(대경민언련)'은 그 실천적 방안의 하나였다. 언론인들의 실무경험과 언론학자들의 이론지식이 결합해 지방언론의 미래를 제시할 양심적인 시민조직을 건설하려 했다. 지방언론을 직접 경험하고 재야의 야인생활을 통해 비로소 TK언론의 현주소를 몸소 체득한 전직 언론인들이 하나둘 발기인에 동참하기 시작했다. 그런데 언론학 교수들은 하나같이 이런저런 이유를 들어 정중히 사양했다.

무릇 '대학(大學)'이란 무엇인가. 대학은 큰 학문을 말하며, 큰 학문을 가르치고 배우는 곳이다. 큰 학문이란 '나 홀로'만의 지식이 아니라, 온 나라의 민중과 함께하는 '열린 지성'을 일컫는다. 『대학(大學)』에서는 "대학의 도는 밝은 덕을 밝히는 데 있으며, 백성과 친함에 있고, 그리하여 지극한 선에 이르는 데 있다(『大學』: '大學之道

在明明德 在親民 在止於至善’)”고 하여 대학의 존재 이유와 나아갈 방향을 뚜렷이 제시했다. “밝은 덕을 밝힌다” 함은 곧 진리를 널리 알린다는 것을 뜻하며, “백성과 친함에 있다” 함은 지식이 민중을 위해 사용되어야 한다는 것이다. 대학의 지성이 국민을 위해 봉사할 때 비로소 존재론적 의의를 지닌다는 게 대학의 첫 가르침이다. 그런 의미에서 ‘지성의 상징’이라 할 언론학 교수들의 대경민언련 참여 외면은 유감이라 아니 할 수 없다.

TK언론이 ‘우물 안의 개구리’로 전락해서 지역사회가 수구반동체제에서 벗어나지 못하는 것이 부인할 수 없는 현실이라면, 그에 대한 1차적 책임은 당연히 언론인들의 몫이다. 그 다음은 언론학 교수사회도 그 책임을 통감해야 한다. 언론학계는 학문으로 언론의 현실을 비추는 거울이어야 한다. 객관적이고 과학적인 지식을 통해 언론의 미래를 견인하는 등불이어야 한다. 나아가 언론개혁을 이론적으로 뒷받침하는 밀알이어야 한다. 민주언론이라는 제도를 뿌리내리게 하는 튼실한 에너지원이어야 한다. 이런 사명과 임무를 지닌 대학이 연구와 교육이라는 핑계 아래 현실참여를 외면하는 것은 지식인의 사명을 내팽개친 지극히 비겁한 현실도피이다. 교수사회가 지역언론계와 다를 바 없는 몰골이라면 최소한 이 땅의 지성은 죽었다 해도 실례가 아닐 듯하다. 언론학 교수조차 TK화된 풍토에서 언론이 TK화되는 것을 어찌 탓할 수 있겠는가.

누구보다도 언론 현실을 정확히 진단하고, 비판하고 감시하여 지방언론이 나아갈 바를 체계적으로 제시해야 할 교수사회가 언론개혁운동을 외면하고 현실에 안주하겠다는 것은 비판받아 마땅하다. 교수사회는 대경민언련의 참여 거부 명분에 대해 “연구할 시간도 모자란다”,

"다른 학회활동에 바쁘다"는 등 입에 발린 소리지만, 그 심리적 저변에는 무사안일한 복지부동식 몸 보신주의와 수구권력화된 지방언론의 눈치 보기, 천박한 '철밥통' 수호 의식이 도사리고 있다. 이와 같은 사고는 '지성의 종말'이라는 경멸로부터 자유로울 수 없을 것이다.

숨 막힐 듯한 '자리보전'과 '철밥통 의식'이 언론학계를 지배하는 가운데서 학문의 진보성을 찾는 것은 연목구어와 같다. 이는 또 달리 말하면 언론학계가 학생들에게 정체된 학문을 가르친다는 얘기와 같다. 언론학계가 수구적인 지역사회의 정서에 동화되어 진보적이지 못한 까닭으로 지방언론개혁에 대한 생산적인 담론을 제시하지 못한다. 삶의 지표를 일러 줘야 할 학문이 박제된 지식으로만 작용해 지역민의 삶에 그다지 도움이 되지 못하는 현실에 대해 TK지역 언론학계는 뼈아픈 자기성찰이 요구된다. 지역언론학계는 최소한 학자적 양심으로 지방언론개혁을 위한 책임 있는 공론장을 펴기 위한 단초를 제공하여야 한다. 그것이 TK지역 언론학계에 주어진 시대적 소명이다.

마지막으로 한마디 덧붙이지 않을 수 없다. 대학사회의 '학위장사' 농간에 동원되는 교수들의 자성이다. 이는 전적으로 지역사회나 특정 대학에만 해당하는 현상이 아니다. 우리나라 지식인사회 전반에 관한 문제의 제기이다. 언론인이 소지한 학위 가운데 언론학박사는 물론 문학·법학·공학박사까지 다양한 전문지식을 습득하는 사례가 늘고 있다. 언론인의 전문성 확보라는 측면에서 매우 바람직하다. 문제는 이들이 그 이름에 걸맞은 지성을 구비하였는가는 점이다. 많은 이들은 지성인이라는 그 본질보다는 학위와 시인·목사·교수라는 악서사리로 자신을 치장하고, 그것을 빌미로 한 부가가치 창출에만 관심 있을 따름이다.

　　대학이라는 지식사회가 기회주의적인 지식인 양성소로 전락되어선 곤란하다. 대학은 박사를 대량으로 양산 배출함으로써 학비 수입을 올려 치부해서 좋고, 후일 동문으로 사회적 영향력을 확보해 꿩 먹고 알 먹는 일석이조다. 사이비 지식인들은 박사라는 학위를 무기로 출세의 밑거름으로 삼아서 좋다. 한마디로 누이 좋고 매부 좋은 지식 세일즈 시스템을 대학교수들은 ‘선생의 양심’으로 학위심사를 꼼꼼히 해 ‘불량박사’ 양산 배출에 제동을 걸 필요가 있다. 그것은 교수로서의 최소한 자존을 지키는 첫걸음이다.

　　물론 언론인들이 사회생활을 병행하면서 틈틈이 짬을 내 지식을 재충전하고, 지식을 업그레이드한 노력의 결과로 학위를 받는다면 국민의 알권리와 언론자유의 심화를 위해서라도 더할 나위 없이 좋은 일이다. 언론사로선 참으로 갸륵하게 여기고, 전폭적인 지원과 성원을 마다 않을 처지다. 불행히도 언론인들이 쏟아내는 논문에는 함량미달이 부지기수다. 석사학위는 고사하고 똑똑한 학부 졸업생보다 못한 논문으로 박사 계급장을 단 지식인들이 수두룩하다.

　　박사학위가 석사학위처럼 때만 되면 거저 주는 것이어선 곤란하다. 영어 한 문장, 일본어 한마디도 모르는 박사가 횡행하는 것은 대학의 비극만이 아니라 지식인 사회의 붕괴를 의미한다. 분명 말하거니와 그 책임 가운데 한몫은 대학사회의 학위장사에 동원된 교수들의 것이다. 대학교수가 재임용 탈락이 무서워 학문적 소신도 버린 채 저항 한 번 변변히 못 하고 학위 양산 공장장으로 전락하면 학문이 죽을 수밖에 없다. 교수는 곧 그 지식인사회의 거울이다. 학위는 학문적 소산이 아니라 그 대학의, 그 지역의, 그 학문을 대표하는 자존심이다.

시민사회운동

●짝퉁운동 횡행 / ●개혁걸림돌 작용 / ●정상운동 매도

운동의 본질에는 관심이 없고 '떡고물'에만 혈안이 된 '사이비 시민사회'를 극히 일부라 할지라도 좌시할 수만 없다. 그것은 머잖아 시민사회 전체를 오염시킨다. 민중이 분노하는 것은 일탈한 시민사회가 입으로만 자유의 명분과 정의의 도덕성, 진리의 정당성을 전세 낸 양 행세하기 때문이다. 이는 시민사회가 자기 도그마에 빠져 스스로의 모순에서 헤어나지 못한다는 것을 뜻한다. 특히 TK지역에서는 더더욱 그러하다. 예를 들어보자. 언론개혁이 우리 시대 지식인에게 주어진 시대적 소명이라면, 언론개혁을 완성해 내는 것은 막연한 구호로서의 '운동'이 아니라 현실적·구체적 대안을 제시하는 것이다.

언론개혁이 개혁 중의 개혁이라면, 언론개혁 중의 개혁은 대안매체의 건설이다. 필자는 언론개혁 대안담론을 공론화하려고 지역사회의 주요 6개 시민단체 홈페이지에 "金榮在의 市民言論 創刊論"이라는 글을 게재할 지면을 달라고 요구했다. 어느 한 곳도 허용치 않았다. 이 글은 어느 한 개인이 특정한 목적을 달성하기 위한 글이 아니라 지역언론개혁운동의 실제적 대안을 제시하는 양심적인 시민사회의 공론이다. 그럼에도 하나같이 외면했다. 웬까? 필자는 "언론도 TK, 지역사회도 TK, 운동도 TK, 시민단체도 TK화된 탓"이라고 진단한다. 언론에서도 'OO시민신문', 'OO시민일보' 등 '시민'을 팔아 먹고살려는 '사이비 시민언론'이 있듯이, 운동에서도 '짝퉁 시민운동'이 횡행하는 시대라 해도 무리는 아닐 듯하다.

겉모습만 '운동의 얼굴'을 하는 '무늬만의 시민단체'가 지역사회의 개혁을 입에 담고, 공공성을 운운하는 것은 어불성설이다. 한때는 반독재 진보세력의 요람이었으나 지금은 반민주 수구세력의 본향이 된 TK사회에서 그나마 애쓰고 있는 정의로운 시민단체의 도덕적 가치관, 개혁추동세력으로서의 실제적 역량 등을 도매금으로 싸잡아 매도하거나 폄하, 왜곡, 훼손해서는 안된다. 척박한 현실을 딛고 나름대로 순수한 운동을 위해 고군분투하는 시민사회단체와 운동원들도 많다. 그들을 따뜻이 격려하고 순수한 운동의 마음을 다독이며 성원하고 보듬어 줘야 한다. 그것이 양심적인 지식인의 도리이다.

그러나 분명한 것은 TK사회의 현실에서 일부 사이비 시민단체가 개혁성으로 위장하고 정의로운 양심세력인 양 암약한다는 사실이다. 일부는 운동을 운동이라 여기지 않고, 시민사회단체를 직업이라 여기는 전문적인 운동으로 전락했다. '봉사'가 '직업'으로 전환되면서 필연적으로 운동의 목적과 의식, 방향이 왜곡됨은 피할 수 없다. 차세대 운동원이 활발히 조달되지 않아 일부는 운동원이 물갈이 되질 않고 정체되어 그 운동원이 그 운동원인 단체도 있다. TK시민사회의 일부 조직은 고착화된 카테고리에 갇히고 말았다. 운동이란 늘 새 물이 흘러야 괴이질 않는다. 괴이질 않아야 부패하지 않음은 상식이다. TK지역 시민사회단체의 이러한 모습 또한 전적으로 TK사회를 판박이 한 것이다.

둘러보면 TK사회 어디에도 정의를 둘 만한 데가 없다. 그 현실이 참으로 서글프기만 하다. 끝내 좌절하고 넋두리만 늘어놓을 수 없는 노릇이다. 이에 제도언론의 뿌리 깊은 불신과 상업적 기회주의, 배타적 권위의식을 타파하고 국민의 알권리와 언론의 알릴 권리에 충실한 신문 창간을 제안하는 바이다. 바로 대구경북 시도민에 바탕을 둔 공익적 성격의 '시민언론'이다.

시민언론은 문화적인 면에서는 민주·민족·민중언론을 지향해 보수적이고 수구적인 TK사회를 진보적으로 개혁함을 목적으로 한다. '경상도 기질'과 '반골정신'이라는 긍정적인 TK문화의 부흥을 진작하여 오늘에 정착시키려고 한다. TK라는 '오명'을 씻고, 진정한 역사발전의 전진기지가 될 수 있도록 문화적 역할을 결집하려고 한다. 이는 시민언론이 출범하는 근본적이고도 본질적인 숭고한 이념적 지표다.

이와 같은 시민언론을 창간하기 위해선 사업적 타당성이 있는지 언론산업을 구조적으로 해체하여 주밀히 살펴볼 필요가 있다. 다음의 장에서는 구체적인 대구경북 신문산업의 데이터를 분석하면서 보다 실제적인 신문창간 전략을 풀어간다.

<☺ 2005. 4. 19. 4·19민권기념혁명일>

나의 언론관과 언론사상

●코뿔소 언론유학 / ●술이부작 언론학 / ●빌게이츠 언론

 는 언론인이다. 그것도 변두리언론에서 미관말직을 맡았던 지방의 한 무명언론인에 불과하다. 나는 언론계에 영향력이 있는 언론인도 아니다. 있어도 그만 없어도 그만인 그저 그런 재야언론인이다. 나는 언론학 박사도 아니요 언론학 교수도 아니다. 다만 언론을 홀로 공부하는 언론유학 (言論幼學)일 따름이다. 나는 언론계에 발을 들여놓은 이래 아무에게도 의존하지 않고, 오로지 나 홀로 스스로 마음의 등불을 켜고 법을 등불로 삼아 쉼 없이 공부해 왔다[法燈明 自燈明].

무릇 언론인의 정체성은 기자가 재직하는 소속 언론사에 의해서 규정되는 것이 아니라, 언론인이 작성한 기사에 의해 가늠된다. 언론인으로서의 나는 매체를 소유하지 못한 재야언론인인 까닭으로 독자 여러분과 함께 커뮤니케이션을 공유할 수 있는 공간은 책밖에 없었다. 나는 그동안 책을 통해 비록 졸렬하나마 나의 언론관과 인생관, 역사관, 세계관 등을 나름대로 진솔하게 드러냈다.(뒷면 저자의 저서 해제 참조).

아는 것도 별로 없는 내가 여덟 권의 저서를 냈으며, 앞으로도 또 펴내려는 것은 만용일지도 모른다. 나는 내가 쓴 책이 유지(有知)한 사람들로 가득한 지식인 사회와 언론계에 한 점의 군더더기만을 더한 것은 아닌지 반추하지 않을 수 없다. 사실이 그러하다면 나의 지적 활동은 스스로 분수를 깨닫

지 못한 용렬한 짓일 터이다. 내가 지식인 사회와 언론계를 떠나지 못하고 기웃기웃하는 것은 언론개혁을 통해 사회변혁을 꿈꾸는 '언론운동가', '언론혁명가'이기 때문이다.

독각은 자유로운 지식인의 표상

나는 지금부터 나의 언론관과 언론사상에 대해 얘기하려 한다. 나는 원래 무지하여 남이 둘이나 셋을 가르쳐 주면 겨우 하나만 알아듣는 둔재이다. 나를 가르치는 사람을 곧 짜증나게 할 뿐 아니라 나 또한 답답하기는 매 한가지여서 쉽게 가르침을 줄 수도 받을 수도 없다. 내가 제도권의 '교육 공장'보다는 나 스스로 체득하고 깨닫는 구도의 길을 선택한 이유다. 이를 독각(獨覺)이라 한다. 독각은 불교에서 나온 말로 스승 없이 홀로 깨달은 사람을 말한다.

독각은 지식인이 지녀야 할 자유정신과 관련 있다. 지식인의 정신은 나비처럼 자유로워야 한다. 지식인의 영혼이 형태와 굴레에 얽매이면 그 자체뿐 아니라, 그 사회도 멍에로 작용한다. 장자(莊子)는 『호접몽(胡蝶之夢)』에서 나비를 '자유'라 했다. 영화 『빠삐용(Papillon)』에서도 나비는 인간의 자유를 상징한다. 지식인의 자유는 문자 그대로 자유롭고 활개쳐야 한다. 그래야만 지식이 창의성을 갖게 되고, 유용하게 쓰여 사회와 문화를 살찌게 함으로써 민중들에게 그 혜택이 골고루 돌아간다.

지식인이 자유롭기 위해서는 치밀한 자기성찰과 끊임없는 학문연마가 뒤따라야 한다. 한 마리의 나비가 태어나기 위해서는 수없는 '변태'를 거듭한다. '알'에서 '애벌레'로 부화한 '모충'은 제 알 껍질을 영양식으로 먹으면서 다섯 번의 탈피를 거듭하여 드디어 '번데기'가 된다. 번데기는 입에서 실을 뿜어 씨줄과 날줄로 그물을 쳐 단단한 껍질을 만든다. 다시 그 단단한 껍질 속에서 '성충'으로 변태를 하고, 껍질을 찢고 나와 비로소 '나비'가 되어 하늘을 난다.

지식인의 양식도 무릇 이와 같아야 한다. 처음에는 비록 보잘것없는 지식이라 할지라도 쉼 없이 학습하고 연마하여 자신을 지식의 버리에 갇히게 하여야 한다. 이는 누가 시켜서 그리한 것이 아니요, 스스로 그렇게 하여야 한다. 마침내 나비처럼 그 지식의 울타리를 떨쳐 버리고, 대자유자재를 찾아야 한다. 그래야만 인간에게 유용한 산지식이 된다. 그렇지 않으면 죽은 지식일 따름이다.

지식인이 나비처럼 자유를 찾기 위해서는 홀로 그리할 수밖에 없다. 그러기에 지식인이란 고독하고 외로운 법이다. 지식인이 끼리끼리 패거리를 지어 우르르 떼거리로 명승지 호텔에 몰려다니면서 학술세미나를 한다고 야단법석을 떠는 것은 참된 지식인과 거리가 멀다. 그것은 지식을 가장한 엔터테인먼트일 뿐이다. 민중을 유익하게 할 참 지식은 외롭고 쓸쓸한 연구실의 형광등 불빛 아래서 나오는 것이지, 무궁화 다섯 개 호텔의 샹들리에 아래서 나오는 법이 아니다.

무소의 외뿔처럼 혼자서 진리탐구

나는 바람직한 지식인의 자세에 대해 지식인의 영혼은 나비처럼 자유로워야 하고, 지식인의 학구적 자세는 코뿔소처럼 홀로이어야 한다고 했다. 우리는 코뿔소라면 우직하다, 미련하다, 외골수로만 치닫는다는 등의 부정적 이미지를 갖고 있다. 별로 바람직하지 않은 것을 지칭할 때 코뿔소를 차용한다.

코뿔소는 포유강 말목 코뿔소과에 속하는 동물이다. 동남아시아와 아프리카의 삼림·습지·사바나에 4속 5종이 분포해 있다. 몸길이는 대개 2∼4m, 몸높이 1∼2m, 몸무게 1∼3.6t 정도이며, 피부는 두껍고 단단하다. 색은 회색·갈색·흑갈색 등이고 무늬는 없다. 청각과 후각은 매우 발달해 있으나 시각은 그다지 좋지 않다. 뿔은 종에 따라 2개와 1개인 것이 있다.

코뿔소는 대단히 힘이 센 동물이다. 한번 앞을 향해 돌진하기 시작하면 가히 무적이다. 코뿔소는 시력이 매우 약하다. 청각과 후각이 더 발달되어 있다. 강준만은

〈사진 10〉 코뿔소

이러한 코뿔소를 빗대 비전도 없고, 철학도 없고, 원칙도 없는 한국언론을 '코뿔소언론'이라고 질타했다. 정치적 상황이 바뀔 때마다 권력핵심부의 의중을 정확히 읽어내고, 거기에 부응하는 출중한 '감'으로 달리기 시작하면 찬바람이 일 정도로 외골수로 치닫는 언론의 행태를 코뿔소에 비유한 것은 참으로 재미있다(강준만, 1993, 25쪽).

나는 내가 추구하는 언론학이 '코뿔소 언론학'이라는 것을 고백한다. 나의 코뿔소 언론학은 강준만이 말한 '코뿔소언론'을 지향하는 언론학이 아니다. 코뿔소처럼 나 홀로 공부하고, 그 지식이 나비처럼 자유를 얻은 것을 말한다. 나는 언론을 독학했다. 나에게는 스승도 없으며, 학풍도 학맥도 없다. 그러므로 나는 언제나 자유롭고 허허롭다. 나는 규격과 형식과 틀에 얽매이지 않고 언제나 자유롭게 공부한다. 나의 언론학은 범위가 광대하고, 대단히 넓어서 깊이보다는 넓이를 추구하는 것이 그 특징이다.

무릇 학자가 추구하는 학문은 넓이보다는 깊이를 추구하기 마련이다. 학자가 아닌 나는 거시적인 언론학을 탐구함으로써 언론이론의 실무현장 접목을 추구한다. 이는 강준만이 지적했던 것처럼 정교한 이론적 틀에 의존한다기보다는 언론실무의 '감'에 의한다고 볼 수도 있을 것이다. 이에 나는 내가 추구하고 공부하고 있는 나의 언론학을 '코뿔소 언론학'이라고 부르는 연유다.

코뿔소는 대소변으로 자신의 영역을 구분해 두고, 그 영역 안에서 홀로 산다. 코뿔소를 상징하는 것은 뭐니 뭐니 해도 외뿔이라고 할 수 있다. 물론 종에 따라서 두 개의 뿔을 가진 코뿔소도 있기는 하다. 코뿔소라 하면 우리는 단번에 외뿔을 떠올린다. 코뿔소의 외뿔은 외로움과 고독을 상징한다. 뿔도 하나이며, 짝도 없이 홀로 사는 코뿔소의 외뿔에서 우리는 인간의 원초적인 삶의 의미를 되짚어 볼 수 있다.

인간이란 개체도 본질적으로 하나이다. 특히 진리를 강구하는 지식인의 삶이야말로 원천적으로 코뿔소의 뿔처럼 홀로이기 마련이다. 부처님은 "광야를 가고 있는 코뿔소의 외뿔처럼 혼자서 가라"고 했다. 지식은 떼거리를 지어 우르르 몰려다니면서 캐는 것이 아니다. 스스로 혼자 고요함에 젖고, 지혜의 바다에 빠져 외롭고 고독한 투쟁을 통해 쟁취할 때 비로소 이뤄진다. 그러려면 코뿔소의 뿔처럼 나홀로 '연구실의 불빛'을 밝힐 수밖에 없다.

보편적 민중성에 기초한 술이부작

나는 풀빵기계에서 찍어내는 천편일률적이고 획일적인 교육을 거부한다. 나의 언론학은 보편적 민중성에 기초한다. 누구나 쉽게 얻을 수 있고, 또 알고 있는 그러한 것들을 체계적으로 결집한 것에 불과하다. 새로운 이론이나 논리 따위는 없다. 이를 좋게 말하면 '술이부작(述而不作)', 거칠게는 '짜깁기 언론학'이라고도 할 수 있다. 술이부작이란 『논어』의 술이편에서 나오는 말로 공자가 말하기를 "나는 옛사람들이 남긴 가르침을 서술하고 부연하여 설명만 했을 뿐 단 한 줄도 자신이 새로운 설을 만들어 내거나 짓지 않았다(『論語』, 述而篇: 述而不作 信而好古 竊比於我老彭)"고 한 데서 나온 말이다.

이를 현대어로 비유하면 '빌 게이츠 언론학', '윈도우 저널리즘(*window journalism*)'이라 할 수 있다. '빌 게이츠(William H. Gates)'의 '윈도우(*window*)'는 '스티브 잡스(Steven Paul Jobs)'의 '매킨토시(Macintosh)'를 모태로 한다. 애플(Apple)사가 창의적으로 프로그램을 개발하면 마이크로소프트(Microsoft)사는 이를 대중화시킨다. 곧 스티브 잡스가 원론적·독창적이라면 빌 게이츠는 응용적·실질적이다. 나의 언론학은 빌 게이츠와 같은 철학과 성질을 따른다. 윈도우처럼 실무언론학에 널리 보급하고 확장하는 것을 목표로 한다. 나는 한국언론학에서 스티브 잡스가 아니라 빌 게이츠이다.

나는 또 본디 부지하여 아는 것보다 모르는 것이 더 많은 사람이다. 공자가 말한 나면서부터 아는 사람과 배워서 아는 사람, 피곤하게 억지로 배워서 겨우 깨닫는 사람, 아예 배우지 않는 사람(『論語』, 季氏篇: "生而知之者 上也. 學而知之者 次也. 困而學之 又其次也. 困而不學 民斯爲下矣")이라고 분류한 가운데 나는 심신을 피곤하게 배워서 겨우 아는 자 축에 들어가므로 나의 언론학은 독창적인 학문세계를 열 처지가 못 된다.

따라서 나에게 무슨 큰 학문적 온축을 기대했던 사람들에게는 실망이 클 것이다. 그러나 나의 학문은 현업 실무에 곧바로 적용해도 좋을 듯하다. 나의 학문적 계보는 실학(實學)이다. 실학이란 실제에 소용되는 학문, 실무에 적용할 수 있는 실질적인 학문, 액자 속에 박제된 죽은 학문이 아니라 현장에 펄펄 살아 있는 학문이다. 나의 언론학이 이론적 틀은 갖추었다 하지 못하더라도 실학으로서의 긍지와 자존을 지녔다.

국제축구연맹의 통계에 의하면 한국은 역대 월드컵 본선진출 36개국 중 랭킹 32위라고 한다. 출전 축구선수의 학력은 타의 추종을 불허하는 최고 학력을 자랑한다. 한국의 축구선수들이 그에 걸맞은 학력을 지녔느냐 하면 그건 아니다. 축구선수의 본질이라 할 축구를 그만큼 잘하느냐 하면 그것 또한 아니다. 결국 한국 축구선수들은 껍데기만 요란하다는 소리다. 문제는 한국 사회에서 그 껍데기가 행세를 하고, 정작 본질이어야 할 알맹이를 철저히 몰아낸다는 데 있다.

끊임없는 멍에에 회한에 젖어

나는 스스로 지성인을 자부한다. 현실에서의 나는 아웃사이더에 불과하다. 우리 사회의 시스템이 나를 인정해 주지 않는 까닭이다. 나는 싫건 좋건 간에 비주류가 될 수밖에 없다. 그것은 내가 선택한 것이 아니라 우리 사회의 제도가 내게 요구한 결과치이다. 그럴수록 나는 옳은 것은 옳다고 하고, 그른 것은 그르다고 말하는 나의 신념을 더욱 공고히 굳혀 간다. 나는 이제야 비로소 감히 말하건대 아는 것은 안다고 말하고, 모르는 것은 모른다고 말할 수 있다. 그것은 내가 공부했던 언론에 대해 아는 것보다 모르는 것이 훨씬 더 많기 때문이다.

나는 그동안 오로지 무엇이든 최선을 다하면 결과는 스스로 얻어질 것이라고 믿었다. 성실하고 근면한 사람이 결국은 성공한다는 명제가 언젠가 유효하리라는 것이 나의 믿음이다. 그에 대한 신념은 확고하다. 현실적으로는 이에 대해 심각한 자기부정을 하지 않을 수 없는 코너로 내몰린다. 내가 한 걸음도 앞으로 나가지 못한 채 '아웃사이더'에 머물러 있는 것은 유감이다. 여기에는 두 가지 원인이 있다. 나에 대한 나 자신의 탓과 나를 둘러싼 사회적 환경 탓이 그것이다.

나는 '앎이란 무엇인가'를 아는 사람으로서 멍에를 내려 놓을 수 없다. 언론을 아는 사람으로서 아무렇게나 처신할 수 없다는 절제가 나를 억누른다. 내가 겪고 보기에는 대다수의 사람들이 '기자란 무엇인지도' 모르고 '기자질(?)'을 하고 있었다. '~질'은 그 직업을 비하해서 부르는 말이다. 내가 '언론'이라는 결코 '~질'일 수 없는 직업과 직무와 직책을 '~질'이라고 막말하는 이유는 그들의 언론행위에 대해 동의할 수 없어서이다. 기자로서의 갖춰야 할 소양은 고사하고, 기회주의적 영달에만 눈 밝은 사람들이 언론에 모여들어 언론을 타락시키고 있다. 이를 어찌 언론이라 할 수 있을까.

그뿐이 아니다. 나는 우리 지역 언론계를 장악하고 있는 언론모리배들의 준동에 좌절하지 않을 수 없다. 언론에 대해서 쥐뿔도 모르는 무식한 인사들이 언론을 떡 주무르듯 한다. 이 쓰레기언론 밑에 언론의 탈을 쓴 양두구육의 사이비언론인들이 불나방처럼 모여든다. 내가 언론에 대해 모르면 몰랐으되, 알고는 결코 이들과 함께할 수 없는 노릇이다. 그로 인해 여태껏 변변한 직장 한번 갖지 못했던 나는 현실적으로 너무나 춥고 배가 고프다.

깜깜한 겨울밤 나 홀로 가는 언론외길

나는 그동안 줄곧 시민언론운동을 주창해 왔다. 나의 시민언론·시민기자 제안에 대해 신문인들은 "그게 말이 되냐?"며 한마디로 일축했다. 지역에선 어느 누구도 나의 '시민언론'을 이해하지 못하고 있을 뿐만 아니라 어느 누구 하나 나의 말에 귀 기울이는 사람이 없었다. 거대한 벽에 대고 "쇠귀에 경 읽는 것[牛耳讀經]"과 다를 바 없었다. 나는 와신상담(臥薪嘗膽) 하며 아무도 알아주지 않는 깜깜한 밤길을 나 홀로 걸어가는 겨울바람과 같다. 참으로 답답한 노릇이 아닐 수 없다. 광야에 나 홀로 버려진 사람이 아닌가 하는 생각에 미치면 스스로도 움츠려든다. 나는 이러한 현실을 벗어나기 위해 오늘도 발버둥친다.

공자(孔子)는 이를 일러 "참된 진실은 결코 외롭지 않다. 언젠가는 누군가가 반드시 알아줄 것이다(『論語』, 里仁篇; 德不孤 必有隣)"라고 했다. 맹자(孟子)도 말하기를 "하늘이 장차 어떤 사람에게 큰일을 맡기려 할 때에는 먼저 그의 마음을 괴롭게 하고, 그의 영혼과 육신을 고달프게 하며, 그의 배를 굶주리게 하고, 그의 삶을 곤궁하게 하며, 또한 하는 일마다 어긋나고 뒤틀어지게 한다. 그렇게 함으로써 그의 마음을 분발시키고, 진리에 대한 의지를 강인하게 하며, 그의 부족한 능력을 키우게 하는 것이다(『孟子』, 告子章句 上; 天將降大任於是人也 必先苦其心志 勞其筋骨 餓其體膚 空乏其身 行拂亂其所爲 所以動心忍性 曾益其所不能)"라고 했다. 나는 선현들의 이 말을 가슴에 담고 시민언론에 대한 의지를 결코 포기하지 않았다. 그것은 마침내 생각이 이념화되고, 이념이 신념화되고, 신념이 개념화되면서 나의 굳건한 의지가 되었다.

나의 시민언론과 시민기자 제안이 책상에서 잠자는 사이 세월이 흐르면서 인터넷이 활성화되었다. 인터넷은 미디어 환경에 급속한 변화를 초래했다. 인터넷이 등장하면서 내가 그토록 주창했던 시민기자제가 <오마이뉴스>에 의해 세계 최초로 현실화되었다. 1989년 대구지역에서 새 신문의 창간을 시도했던 당시의 사업계획서에는 오프라인 신문에서의 시민기자 제도 시행방안이 아직도 오롯이 남아 있다. 비록 온라인 저널리즘이긴 하지만 시민기자제 아이디어의 연착륙을 보고, 나는 오프라인에서의 시민언론에 대해 더욱 굳건한 확신을 지닐 수 있었다.

내가 창간하고자 하는 신문은 진보적 매체이다. 내가 말하는 진보적 매체란 이데올로기적으로 급진 극렬 좌파나 극우 세력을 제외한 모든 목소리를 담는 '열린 매체'를 일컫는다. 극좌나 극우 세력의 말은 귀담아 들을 일고의 가치도 없다. 현재 한국사회에 존재하는 일부 진보 가운데는 사회주의를 주창하는 등 급진 좌파가 움트기도 한다. 반면 극우 세력의 목소리는 우국충정의 보수의 목소리로 둔갑되어 주류언론의 오피니언 여론으로 대우받으며 기능한다. 나는 다른 것은 다 받아들이겠지만 이 극좌나 극우의 소린 결코 받아들이지 않을 작정이다. 이처럼 나의 언론은 언론자유에서 한계성을 지닌 제도권의 매체다.

시민언론 건설로 민주사회 구현 소망

나는 비록 모순이기는 하나 중도이며, 이데올로기에선 본질적으로 보수주의자이다. 그러나 현실에서 말하는 폐쇄적인 보수주의자는 아니다. 세계로 열린 보수주의자이다. 현실에서의 보수는 수구반동 세력이 기회주의적으로 처신한 이데올로기이다. 나는 수구가 보수로 통하고, 보수가 진보로 회자되는 개념의 혼돈과 모순을 타파하고 배척한다. 내가 제안하는 시민언론은 이와 같은 나의 이념을 좇는다.

나는 『시민언론 창간론; 언론의 미래와 전략』이라는 책을 펴내 독자들에게 내가 생각했던 시민언론을 공개했다. 독자 여러분은 수용자를 하늘처럼 섬기는 '예(禮)의 언론'을 볼 수 있을 것이다. 예는 사람다운 생각과 말, 그리고 사람다운 행동을 규정하는 교양이자 지성이다. 따라서 예가 없으면 사람은 짐승과 다를 바 없게 된다. 시민언론은 예에 뿌리를 둔 언론이다.

나보다는 이웃을 먼저 생각하는 유교적 언론관과 선비정신 언론혼, 말은 신중히 하여야 한다는 부처님의 언론관과 대승사상 언론혼, 사람이 가야 할 길을 일러주는 노자의 도 언론관과 무위자연 언론혼은 나의 언론사상을 이루는 핵심적인 뼈대이다. 커뮤니케이션이나 저널리즘 행위를 전개함에 있어서는 예의염치(禮義廉恥)에 어긋나서는 안된다. 언로가 지향하는 정신적 바탕에는 항상 약자와 정의를 옹호하여야 한다. 결코 언론이 강자의 편이 되어서는 안되며, 사회적 공익을 해치는 불의에 가담해서도 안된다. 언론은 늘 깨어 있어야 하며 민중과 함께, 진리와 함께, 역사와 함께하여야 한다는 것이 나의 확고한 신념이자 철학이다.

<☺ 2009. 12. 31.>

〈사진 11〉 저자의 저서 해제

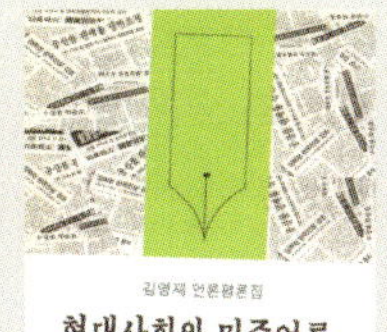

현대사회와 민주언론

　언론계 입문이래 처음으로 펴낸 저자의 첫 언론평론집이다. 권·재·언 유착을 통해 언론권력으로 군림하는 제도언론을 비판하고, 언론이란 결국 민중을 위해 봉사하여야 할 사회적 제도라는 언론관을 풀어낸다. 특히 국민주 신문으로 창간했던 〈한겨레신문〉이 민족·민주·민중언론이라는 창간정신을 훼손하고, 사내언론으로 전락한 사실을 통분해 한다. 〈한겨레〉에 대한 저자의 뜨거운 애정을 엿볼 수 있다.

●1997년　●도서출판 사람　●신국판 361쪽　●값 10,000원

조선시대의 언론문화

　조선시대의 언론학 개론서이다. 언론주체를 ‘대간’이라는 제도에만 국한하지 않고, 그 지평을 ‘선비’라는 유교적 지성인 사회 전반으로 확대해 언관과 사관으로서의 사명과 언론정신을 천착했다. 또한 “하늘에서 벼락이 치고 목에 칼이 들어와도 할 말을 다 한다”는 유학언론인들의 선비정신을 현대언론에 주문한다. 유교언론의 진면목을 파악할 수 있는 『朝鮮時代의 言論硏究』가 전면개정판으로 곧 출간될 예정이다.

●2000년　●커뮤니케이션북스　●신국판 198쪽　●값 9,000원

대구경북언론사

　역사는 오늘과 내일을 비추는 거울이다. 대구경북지역 언론이 일그러지고 왜곡된 것은 언론의 역사가 제도언론사로 기록되고 조명된 탓이다. 이 책은 지역의 굽은 언론사를 민주언론사로 복원하려고 시도한다. 대구경북언론은 선비정신과 반골정신의 정수라는 게 저자의 역사관이다. 대구경북언론이 민주언론으로 거듭나길 바라는 간절한 충정에서 지역언론사의 시시비비를 논한다.

●2003년　●커뮤니케이션북스　●신국판 436쪽　●값 27,000원

불교언론의 이해

　동양사상의 골간을 이루는 유·불·선 언론탐구서 가운데 하나이다. 이 책은 한국 최초로 언론학의 연구 영역을 불교라는 민족문화 콘텐츠에까지 확대했다. 커뮤니케이션 구조로서의 불경과 불립문자, 정법정론, 정어사상에 이르기까지 불교의 대승정신과 현대사회의 공익저널리즘의 만남을 시도했다. 뿐만 아니라 불교저널리즘의 현실, 나아갈 방향을 모색, 미디어 포교를 제시한다.

●2006년　●한국학술정보(주)　●신국판 369쪽　●값 22,000원

언론자유와 언론개혁

　　한국언론사상 처음 실시된 김대중 정부의 언론사 세무조사를 추적, 분석한 언론보도비평집이다. 언론자유와 언론개혁은 표리부동한 양면성을 지녔다. 동일한 진실을 보는 주체와 시각에 따라 각기 전혀 다른 결말을 낳는다. <조선일보>와 <한겨레>의 보도 프레임을 통해 본 진실의 실체는 과연 무엇이 국민을 위한 것인지를 고민해본다. 이 책은 엄격한 사실보도 위주로 서술함으로써 언론정책의 기초자료로 역할하고 기능한다는 점에서 의의가 깊다.

●2006년 ●한국학술정보(주) ●신국판 294쪽 ●값 18,000원

해바라기 언론의 용비어천가

　　저자의 두 번째 언론평론집으로 지난 2003년 12월에 편집완료 되었으나 출간하지 못하고, 출판사를 바꿔 뒤늦게 출판되었다. 우리 언론은 아직도 기득권층의 '마름'만 충실히 하면 신문경영이 보장될 것으로 착각한다. 한국언론이 이 습성과 미망에서 벗어나지 못하는 한 그 미래는 없다. 이 책은 언론개혁운동의 제안과 함께 실질적인 대안으로 민주언론건설을 제시한다.

●2006년 ●한국학술정보(주) ●변형 크라운판 408쪽 ●값 27,000원

웹2.0과 미디어2.0

　　대구신문연구원 커뮤니케이션&저널리즘 블로그(blog.naver.com/tgpress)에 게재했던 언론비평과 언론시론을 엮은 블룩(blook)이다. 온라인 커뮤니티에서 독자와 직접 소통했던 저자의 열정과 진솔함, 정직함이 올곧이 드러난다. 독자들은 이 책을 통해 바른 언론의 눈으로 세상보기를 하는 저자의 삶과 가치관을 유추할 수 있다. 한 시대를 치열하게 살아왔던 저자의 올곧은 언론정신이 돋보인다.

●2008년 ●한국학술정보(주) ●변형 신국판 416쪽 ●값 27,000원

시민언론 창간론

　　'언론의 미래와 전략'이라는 부제가 상징하듯 이 책은 사양산업으로 전락하는 신문산업이 나아갈 방향을 일러준다. 독자가 만들고, 독자가 읽고, 독자가 주인인 '사람의 언론'을 제시했다. 사반세기 이상을 시민언론이라는 새 언론제도의 현실화를 위해 고군분투해온 저자의 언론인생이 녹아든 자기소개서라 할 만큼 심혈을 기울인 역작으로서 세계 최초로 디지로그신문 창간을 풀어낸다.

●2009년 ●한국학술정보(주) ●신국판 630쪽 ●값 37,000원

5 TK신문은 어떠한가

이번 장에서는 새 신문 창간 조건으로 지방신문의 실체를 구체적으로 분석하는 글을 게재한다. 사업은 이론이 아니라 현실이다. 따라서 정확한 시장환경 분석 없이는 십중팔구 실패한다. 고매한 권력의 목소리를 대변하는 것이 아니라 땀 냄새가 펄펄 살아 있는 사람의 목소리를 담는 새 신문의 성공적인 창간과 시장연착륙을 위해선 실태 분석이 우선이다. "金榮在의 地方新聞改革論"은 탁상공론이 아니라 철저한 사업적 바탕 위에서 제안하는 책임성 있는 글이다. 먼저 TK신문의 실상을 보자.

TK신문 실상

● 일란성 쌍둥이 / ● 매일신문 독과점 / ● 언론자유 실종

2009년 8월 현재 대구에는 <매일신문>을 비롯하여 <영남일보>, <대구신문>, <대구일보>, <대구연합일보> 등 5개 지가 발행되고 있다.

경북에는 포항에서 <경북매일>과 <경북일보>, <경북도민일보>, <일간대구경북>이, 경주에서 <경도일보>가, 경산에서 <경상매일>이 발행되고 있다. 이들은 제호만 다를 뿐 그 본질은 하나같이 '일란성 쌍둥이'이라는 특징을 지녔다.

<그림 3> 대구경북지역 지방신문 제호

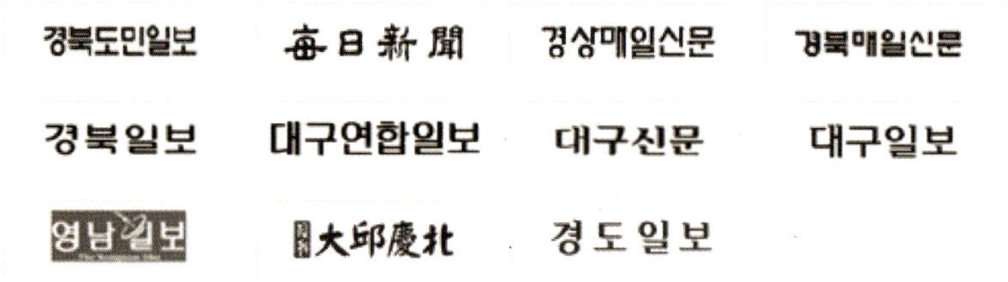

경북도민일보   毎日新聞   경상매일신문   경북매일신문

경북일보   대구연합일보   대구신문   대구일보

영남일보   大邱慶北   경도일보

지역언론시장에서는 <매일신문(毎日新聞)>이 절대 강자로 군림한다. <시사저널>이 지방자치 10주년을 맞아 지난 2005년 6월 14일~17일까지 '미디어리서치'에 의뢰해 대구경북지역 오피니언 리더 500여 명을 대상으로 설문 조사한 자료에서도 <매일신문>의 영향력이 확인된다. 이에 따르면 대구경북지역에서 가장 영향력 있는 매체는 △매일신문(61.0%) △TBC대구방송(39.0%) △대구MBC (25.0%) △영남일보(21.4%) △대구KBS(20.6%) △안동MBC(3.2%) △포항MBC(3.2%) △경북일보(3.0%) △대구일보(1.4%) △경북매일(1.2%) 순이었다.

가장 영향력 있는 언론인으로는 지난해 <매일신문> 사장에 취임한 조환길 신부(5.2%)가 1위에 꼽혔으며, 2위에는 지역사회의 시민단체로부터 「수암칼럼」을 통해 수구적인 논리를 대변한다고 비판받는 <매일신문> 김정길 명예주필(3.4%)이, 3위에는 <TBC> 이길영 사장(2.0%),

4위에는 <매일신문> 우정구 편집국장, 5위에는 <대구MBC> 박영석 보도국장이 꼽혔다(고제규, 시사저널, 2005년 7월 12일자, 27쪽).

지역신문발전위원회가 지난 2006년 3월 8일 펴낸 『지역신문 구독자 조사 보고서』에 의하면 대구경북지역 신문구독률은 △조선일보(30.8%) △중앙일보(22.2%) △동아일보(20.5%) △매일신문(18.8%) △영남일보(5.6%) △매일경제(2.8%) △경북매일(2.5%) △스포츠조선(2.2%) △한국일보(2.0%) △스포츠서울(1.8%) △한겨레(1.8%) △한국경제(1.6%) △경향신문(1.3%) △경북일보(1.2%) △기타(8.3%)였다. 신문구독률 1%대라는 것은 언론의 신뢰도에 대한 중대한 위기로서 신문의 존재의의를 의심스럽게 하는 지표이다.

구독신문 점유율에서도 <매일신문>은 15.9%로 △조선일보(24.8%) △중앙일보(17.9%) △동아일보(16.5%)에 이어 4위에 기록되었고, <영남일보>는 4.5%로 5위에, <경북매일>이 2.1%로 7위, <경북일보>가 1.0%로 14위를 차지했다. 그러나 <대구신문>과 <대구일보>, <동남일보>, <경북뉴스> 등은 순위에 들지도 못했다.

지역민들은 지방신문의 선호도에서도 △매일신문(40.6%) △영남일보(11.5%) △경북매일(3.9%) △경북일보(2.7%)를 택했고, <대구신문>과 <대구일보>는 △김천신문(1.1%) △예천신문(0.9%) △성주신문(0.8%) △영천시민신문(0.6%) △영주시민신문(0.5%) △청도신문(0.5%)보다 못한 각각 0.3%에 불과해 경북지역 시·군의 주간지보다 낮은 선호도를 보였다.

2010년 1월 현재 대구경북지방에서 발간되는 지방언론 현황은 다음과 같다.

<표 3> 대구경북지역 일간지 실태

구분 / 매체명	창간연월일	지령 (09. 12. 31.)	주당 발행면수	구독료	종사자 수	발행 부수	유가 부수	2006 매출합계	2006순익	납입 자본금
每日新聞	1946. 3. 1.	19,893	192면	12,000원	227 (13)	44만부	35만부	340억 2,112만	-72억 268만	168억
영남일보	1945. 10. 11.	17,615	196면	10,000원	186 (35)	-	-	179억 5,115만	4,484만	63억 1,024만
대구신문	1996. 9. 6.	3,460 (07. 12. 31.)	120면	8,000원	72 (7)	-	-			
大邱日報	1945. 10. 3.	11,840	120면	〃	79 (13)	12만 8천 부	10만 2천 부	30.8억 원	-10.8억 원	20억 원
대구연합일보	2006. 4. 11.	668	100면	〃	38(4)	9,000부				1억
경북매일	1990. 6. 23.	5,092 (07. 12. 31.)	104면	〃	65 (11)	-	-	28억 6,922만	309만	28억 1,827만
경북일보	1990. 5. 7.	4,508 (07. 12. 31.)	120면	10,000원	75 (17)	13만 5천 부	10만 부	41.46억 원	-0.35억 원	21억
경북도민일보	2004. 3. 30.	1,335	100면	8,000원	56(12)			18억 8,987만	908만	20억
日刊大邱慶北	2006. 6. 16.	678	〃	〃	34(8)	6,200	4,650	10억 2,747만	-9066만	1억

* <大邱日報>의 실제 창간일은 2001년 11월 15일임.

** <大邱日報>, <경북일보>의 판매수입, 광고수입, 기타수입, 순익 등의 자료는 『2008 한국 신문방송연감』에 기록된 수치임.

*** <每日新聞>, <大邱日報>, <경북일보>의 발행부수, 유가판매부수는 신빙성을 결여하고 있는 자사 발표의 일방적 수치에 불과하다. 대부분 과장된 허수다. 가령 <大邱日報>의 경우를 보면 1부당 월정 구독료가 8,000원이며, 유가판매부수가 10만 2,000부에 달하는 데도 연간 판매수입은 고작 1억 5,000만 원에 불과하다. 이는 1부당 월정 구독료가 역시 8,000원인 <새전북신문>의 유가판매부수 5,584부의 연간 판매수익이 1억 7,306만 원, <전라일보>의 유가부수 8,080부에 대한 연간 판매수익이 1억 7,280만 원, <전북연합신문>의 유가부수 9,500부의 연간수익이 1억 7,280만 원이다. 따라서 10만 2,000부라는 유가판매부수를 지닌 <大邱日報>의 연간 판매수입이 고작 1억 5,000만 원에 불과하다는 것은 실제 유가부수가 그 10% 내외에 불과하다는 것을 의미한다고 할 수 있다.

**** <每日新聞> 주요 주주 : (재)대구천주교유지재단 98.90%

<영남일보> 주요 주주 : 동양종합건설(주) 49.13%, 동양에코(주) 47.54%, 기타 3.3%

<大邱日報> 주요 주주 : 이태열 20.0%, 김춘희 20.0%, 이후혁 17.0%

<경북매일> 주요 주주 : (주)삼일 18.20% (주)한중 14.03% 이두훈 12.63% 한진기업 11.98% 삼정강업(주) 7.98% 스톨베르그&삼일(주) 7.10% 장송림 6.58% 서종열 4.21% 동원건설·서강금속·효창건설 각 3.55% 대성기업 2.96% 박종운 2.63% 김병윤·모상환·이용수·추교창 각 0.26%

<경북일보> 주요 주주 : 황인찬 48.0%, 황인규 26.0%

<日刊 大邱慶北> 주요 주주 : 우성대 50.0% 이춘부 20.0% 안효석·이범석·최해광 각 10.0%

***** 경주에서 발간되는 <慶道日報>, 경산에서 발간되는 <경상매일신문>은 자료가 없음.

****** <대구연합일보>는 <同國日報>로 제호 변경

******* 자료: 『각연도 신문방송연감』, 최신판, 한국언론재단, 2009

  TK신문, 아니 비단 TK신문만 국한된 것이 아니라 한국의 지방신문, 나아가 한국언론 전체가 해당되는 문제다. 그것은 바로 신문이 천편일률적이라는 것이다. 제호만 가리면 어느 게 어느 신문인지 구분이 가질 않는다. 이는 신문을 구성하는 가장 기본적인 포맷인 페이지네이션에서도 단적으로 드러난다. 지방신문은 대체로 종합→사회→정치(행정)→제2사회(대구·경북)→경제→문화→스포츠→오피니언 순이다. 이는 전형적인 스트레이트 뉴스 보도 중심이다. 정보성 기사 위주의 단순보도를 매개로 뉴스장사를 하는 모습이다. 대구경북지역 지방일간지의 구체적인 형식을 알 수 있는 페이지네이션은 다음과 같다.

〈표 4〉 대구경북 지방지 페이지네이션

면＼매체	每日新聞	영남일보	대구신문	大邱日報	대구연합일보	경북매일신문	경북일보	경북도민일보	日刊大邱慶北	慶道日報	경상매일신문
1	종합	종합	종합	종합	종합	종합	종합	종합	종합	종합	종합
2	〃	〃(뉴스&이슈)	〃	〃	〃	정치	〃	〃	〃	〃	사회
3	〃	특집	특집	〃	행정(자치무대)	행정(자치마당)	〃	〃	행정(자치행정)	〃	〃
4	사회	종합(뉴스&이슈)	사회	정치	제2사회(대구)	사회	〃	사회	제2사회(포항)	사회	제2사회(경북지방)
5	〃	〃	〃	사회	사회	〃	사회	〃	사회	〃	〃
6	정치	사회	제2사회(경북)	〃	제2사회(경북)	제2사회(대구)	〃	제2사회(동/남부)	〃	제2사회(경북지방)	〃
7	전면광고	〃	〃(로컬/매트로)	〃	〃	〃(포항)	제2사회(포항/울릉)	〃(중/서부)	제2사회(대구)	〃	생활(건강/복지)
8	제2사회(전국)	제2사회(경북)	〃	제2사회(경북)	〃	경제	〃(경주)	〃(경북북부)	〃(경북)	〃	경제
9	특집	전면광고	경제	〃	〃	특집	〃(대구)	〃(대구)	〃(경북)	경제	〃
10	제2사회(대구경북)	제2사회(경북)	〃	경제	경제	제2사회(경북종합)	〃(경북지역)	생활(건강)	〃(경북)	〃(생활경제)	정치
11	전면광고	전면광고	주식시세	〃	생활(건강)	〃(동/남부)	〃(경북지역)	대중문화(영화)	건강(헬스)	문화	국제
12	제2사회(경북)	경제	국제	아파트시세	스포츠	〃(중/남부)	문화	방송	정치	생활(건강)	TV/연예
13	기획	〃(유통)	문화(대중문화)	전면광고	방송/문화	〃(북부)	TV/연예	〃	경제(지역경제)	TV	스포츠
14	사회(대학)	전면광고	스포츠	특집	동정(일과사람)	스포츠	전면광고	경제	국제	동정(사람들)	동정(더불어…)
15	경제	주식시세	방송/연예	문화	오피니언	여성/생활	주식시세	〃	스포츠	오피니언	오피니언
16	〃	국제(월드)	동정(사람과…)	TV/방송	전면광고	TV/영화	경제	스포츠	특집	전면광고	전면광고
17	〃	전면광고	〃	국제	09. 6. 22.	특집	〃	국제	TV	09. 6. 19.	09. 6. 19.
18	전면광고	문화	오피니언	스포츠		동정(사람들)	스포츠	동정(삶과사람)	동정(사람들)		
19	주식시세	TV프로	〃	〃		오피니언(열린마당)	국제	오피니언	오피니언		
20	국제	스포츠	전면광고	동정(사람)		전면광고	동정(사람들)	전면광고	전면광고		
21	아파트시세	전면광고	09. 6. 19.	대중문화		09. 6. 19.	〃	09. 6. 19.	09. 6. 19.		
22	문화	동정(사람)		오피니언			오피니언(여론광장)				
23	〃	오피니언		〃			〃				
24	여성/생활	전면광고		전면광고			전면광고				
25	TV/방송	09. 6. 19.		09. 6. 19.			09. 6. 23.				
26	스포츠										
27	〃										
28	동정(사람과세상)										
29	전면광고										
30	오피니언										
31	〃										
32	전면광고										
날짜	09. 6. 19.										

* 출처: 김영재, 『시민언론 창간론』, 한국학술정보(주), 2009, 108쪽.

미디어환경이 디지털 저널리즘 시대로 접어들면서 속보성이라든지, 스트레이트 기사는 인터넷에게로 주도권이 넘어갔다. 신문은 읽을거리와 심층보도, 뉴스해설로 뉴스의 개념을 중심이동, 경쟁력을 다잡아야 할 때이다. 현행 페이지네이션은 아날로그 시대의 유물이다. 시대의 변혁과 미디어개혁에 완강하게 저항하는 수구언론에게나 어울릴 차람이다. 이를 새 신문이 하나같이 모방하여 획일적인 신문을 만드는 것은 신문창간 의의를 훼손케 하는 행위이다.

새 신문이 제호만 가리면 그게 그거라는 소리를 들어선 곤란하다. 독자의 요구에 부응하는 페이지네이션으로 신문을 제작하기보다는 그저 기존 언론을 복사한 지면으로 시장경쟁을 도모하는 꼴이니 경쟁력을 상실하고, 과열 혼탁으로 치닫는 것은 필연적인 과정이다. 이는 결국 새 신문을 도깨비언론·쓰레기언론의 창궐로 이어지게 해 유령언론만 난무하는 언론자유 남용 현상, 언론산업 왜곡 실태를 빚게 한다.

민주주의 제도에서 복수의 신문이 바람직하다는 것은 여론의 다양성 때문이다. 국민들의 다양한 의사를 담기 위해선 그릇부터 다양해야 하나, 지방신문은 하나같이 유력지가 <조중동> 등 서울언론에 포맷을 두고 신문을 제작하면 제2지가 이를 슬쩍 벤치마킹하고, 제3지와 제4지, 제5지 등은 일제히 다시 선도지의 손가락 끝을 주시하며 신문을 제작해 자원 낭비 현상을 초래한다. 그 진실은 아무리 감추고 싶겠지만 불행히도 페이지네이션에서는 속절없이 드러난다.

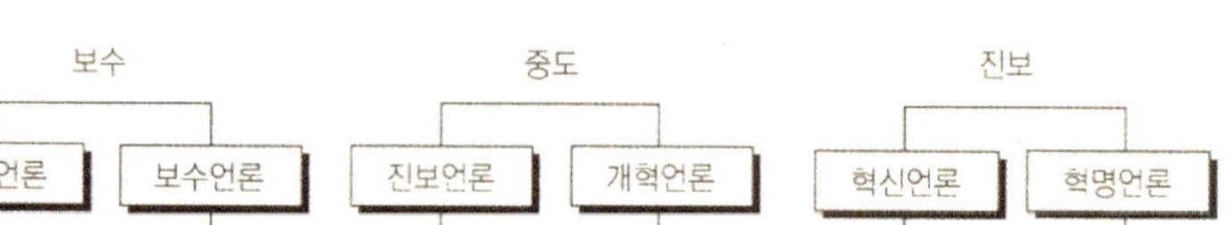

* 출처: 김영재, 『시민언론 창간론』, 한국학술정보(주), 2009, 475쪽.

　언론이 지향하는 이데올로기에서도 지역신문은 하나같다. 언론의 본질적 속성은 진보적이다. 하지만 지역신문은 스스로 보수임을 자임한다. 위의 <그림 4>에서 수구언론은 기득권에 편입되어 현 체제를 옹호하며 강고히 지키려는 언론을 말한다. <조중동>과 지역의 5공언론이 그것이다. 보수언론은 대체로 기득권을 인정하면서 동시에 기득권에의 편입을 통해 안정성장을 도모한다. 대부분의 언론이다. 진보언론은 스스로는 변화를 추동하지 않고, 시대의 변화에 무임승차하는 기회주의적인 언론이다. <경향신문>과 <한겨레> 정도다. 이 세 범주가 바로 보수신문의 카테고리다. 이는 시대의 변화를 선도해야 할 언론이 현실안주에 머물고 있음을 뜻한다.

　반면 개혁언론이란 자의적인 의지로 사회의 변혁을 소극적으로 추구하는 언론을 말한다. 혁신언론이란 적극적으로 현 체제와 언론시장의 변혁을 이끌어 내 새 판짜기를 기도하는 언론을 일컫는다. 우리가 창간하려는 새 신문의 지향이념이다. 혁명언론은 기존 언론의 패러다임을 근본적으로 부정하는 언론이다(김영재, 2009, 475~478쪽).

　우리 사회는 정치와 마찬가지로 수구언론이 보수신문을 참칭하고, 보수언론이 진보언론을 자임한다. 그로 인해 진짜 진보는 설 자리를 잃었다. 이는 한국사회가, 우리 역사가 보수와 진보의 첨예한 도전과 응전으로 이어지지 않고 정체되는 가장 큰 원인이다.

한국사회에서 자칭 보수언론을 자임하는 수구언론에게 언론으로서의 정당한 논리나 이성을 기대했다면 큰 오산이다. 그들에겐 사회관이나 역사관이 없다. 문화적으로나 철학적으로 자기의 소신과 의지도 없다. 수구세력처럼 궁색한 말문이 막히면 대뜸 '좌파'와 '빨갱이'를 들먹이며 상대방에 색깔을 덧씌운다. 한국사회에선 '천형'이라 할 색깔로 자신의 처지는 모면하려는 게 수구세력과 수구언론의 본질이다.

언론이 우리 사회의 진보를 선도하는 것이 아니라 오히려 민주화의 걸림돌로 작용하는 이유다. 이제 언론은 그 낡은 껍질을 버려야 할 때이다. 특히 우물 안 세상에 갇혀 있는 TK언론에겐 더더욱 그러하다.

▣ TK독자 분석

●충성도 전국제일 / ●안면독자 대부분 / ●시장성장 가능성

지방신문의 독자는 어떤 사람들일까? <매일신문>은 지역사회에서 표방하는 사회적 이데올로기에서나 영향력에서, 언론시장 점유율에서 '새끼조선일보'라 회자될 정도다. "대구경북판 <조선일보>"라는 이름은 영예일까 치욕일까? 그에 대한 해답은 사람에 따라 극단적일 수 있다. 일부는 긍정적으로 평가할 수 있을 것이고, 또다른 일부는 지극히 부정적일 수도 있다. 시민언론 창간제안자의 입장에선 후자를 따른다.

지역사회의 여론시장을 독점적·배타적으로 장악한 신문이 "대구경북판 OO일보", "새끼OO일보"라는 평을 듣는 것은 결코 영광일 수

없다. 무릇 언론은 자신만의 고유한 사고와 색깔을 지닐 때 의미가 있다. <조선일보>가 대한민국 1등신문으로서의 자존심과 영광을 지니는 것은 <조선일보>만의 고유한 언론정신과 언론혼을 지닌 탓이다. 아무리 <조선일보>의 언론철학이 좋다고 하더라도, 그것은 <조선일보>의 것이다. 따라서 "대구경북판 OO일보", "새끼OO일보"라는 별칭은 결코 자랑일 수 없다. 창피스러운 딱지일 따름이다. 그 기저엔 지방신문의 식민주의적인 사대주의 노예근성이 도사리고 있다. 이런 굴종으론 지역사회의 '여론독립'이 요원한 실정이다.

그러면 다시 <조선일보>가 과연 한국 사회에서 어떤 언론적 의미를 지녔는지 한번 따져 보자. <조선일보>는 틀림없이 자칭·타칭 대한민국 '1등신문'이다. 타의 추종을 불허한다. 여론시장에서 압도적인 미디어파워(*media power*)를 지녔다. 또 실제적으로도 무소불위의 언론파시즘으로 군림한다. 한국사회에서 <조선일보>를 제치고 여론을 제 마음대로 운위할 수 없다. 거칠게 없다. <조선일보>는 경영실적에서도 선도기업으로서 손색이 없다. 모름지기 언론이라면 <조선일보>의 성공을 부러워할 만하다.

<조선일보>가 무수한 미디어의 도전을 물리치고 1등신문을 향유하는 데는 이유가 있다. 그것은 다름 아닌 브랜드에 대한 포지셔닝에서 찾을 수 있다. <조선일보>는 대한민국에서 가장 잘사는 사람들의 동네인 '서울 강남 사람들의 매체', '보수적인 사람들의 매체', '권력을 가진 기득권층 사람들의 매체'라는 성격을 일반화하는 데 성공했다. 따라서 한국사회에서 <조선일보>를 구독하는 것은 곧 우리 사회 지도층과 어깨를 나란히 한다는 자부심을 갖게 한다. 여기에 <조선일보>는 서울 강남뿐만 아니라 궁벽한 지방에서도 1등신문으로의 맹위를

떨치는 이유를 발견할 수 있다(김무곤, 2007, 60쪽).

여기까진 좋다. 시비 걸 이유가 하등 없다. 문제는 <조선일보>가 대한민국 1등신문이라면 과연 그에 걸맞은 도덕성을 지녔느냐 하는 것을 따져 보지 않을 수 없다. 여기서의 도덕성이란 여론선도지로서의 책임과 의무감이다. 곧 언론의 '노블레스 오블리주(*noblesse oblige*)'다.

<조선일보>가 생산해 내는 여론은 두말할 나위 없이 이 땅의 국익과 국민을 위한 공공의 것이어야 한다. 유감스럽게도 <조선일보>의 여론은 결코 중립적이거나 객관적이지 못하고 어느 한쪽으로 크게 기울어져 있다. 또한 공공의 이익보다는 신문사와 언론사주의 사적인 이익을 더 우선시하고, <조선일보>의 시각에 맞는 독자들의 이익옹호에 경도돼 있다.

<조선일보>가 1등신문이라면 마땅히 가치중립적이어야 한다. 그것은 대한민국의 모든 신문이 <조선일보>를 쳐다보고 있으므로 더더욱 요구되는 덕목이다. 곧 <조선일보>의 선택과 시각은 대한민국 모든 언론의 바로미터가 된다. <조선일보>는 '반공·모수·우익언론'임을 표방한다. <조선일보> 스스로 오른쪽으로 기울어진 '정통신문'임을 자임하는 것이다.

<조선일보>는 언론행위에서도 결코 민주적이질 않다. 폭력적이다. 자신의 의견에 반하면 상대편 의견을 들을 생각은 않고 무조건 배타적으로 배척한다. 그것도 아주 잔인한 말과 글의 폭력에 기초해서다. 언론이 가장 반언론적으로 상대를 제압하려 든다. 전형적인 파시즘의 권력 휘두르기이다. <조선일보>는 독자마저 기꺼이 길들여 자신 앞에 줄을 세운다. 그래야 직성이 풀리는 매체다. 이를 어찌 민주언론이라 할 수 있을까. <조선일보>는 언론이 아니라 언론을 가장한 사회적 흉

기라 개탄하는 소이이다.

이 하나만으로도 <조선일보>는 1등신문으로의 자격을 상실했다. <조선일보>의 영향력이 고만고만한 신문이라면 별문제가 없겠지만 대한민국의 언론시장을 반 넘게 <조중동>이 장악하고, 그 가운데 다시 반 가까이를 <조선일보>가 좌지우지하고 있음을 감안하면, <조선일보>의 행보는 결코 책임 있는 언론으로서의 처신이 아니라는 것이다.

대구경북 지역의 언론시장을 배타적으로 지배한 <매일신문>은 이와 같은 <조선일보>를 보고 배우며 따라한다. <조선일보>의 학습효과가 고스란히 <매일신문>에 전이되어 실천된다. 때문에 <매일신문>에서도 민주적인 시각이라든지 균형 잡힌 보도를 보기는 어렵다. 어느 한쪽, 즉 <조선일보>가 가리키는 손가락 끝을 무비판적으로, 맹목적으로, 습관적으로 추종해 보도한다. 그래서 어떤 땐 지방지이면서 지방의 이익보다는 수도권 이익 옹호를 주장하는 웃지 못 할 보도가 시도 때도 없이 벌어진다.

신문은 독자에게 광고뿐만 아니라 이데올로기를 파는 사업이라는 특징이 있다. 독자는 자신의 돈을 지불하면서까지 그 신문이 보도와 사설, 칼럼 등을 통해 제시하는 이데올로기에 동화되기를 자처함으로써 신문의 판매행위가 성립된다. 따라서 어느 한 신문을 장기적으로 구독하면 자신도 모르는 사이에 그 신문이 제시하는 프레임(*frame*)으로 세상을 보게 된다. <조선일보>와 <매일신문>의 독자 문제가 대두되는 것은 바로 그들의 세상을 보는 눈 때문이다.

<조선일보>와 <매일신문>의 언론시각은 하나의 탯줄로 연결돼 있다. <매일신문>은 <조선일보> 못지않은 반공신문·보수언론·우익매체를 표방한다. 이 또한 <매일신문>의 자유라 할 수 있다. 결코 비난

받을 성질이 하등 없다. 그런데 지역의 여론시장을 선도하는 공적 언론으로서 <매일신문>이 어떠냐는 것은 별개의 문제다.

단적인 예 하나만 들자. '폴리널리스트(*polinalist · politics + journalist*)' 문제다. <매일신문>은 부사장 등 주요 직책을 역임하고, 현재 명예주필로 봉직하는 이 언론인의 언론활동을 전폭적으로 지원한다. 그것이 잘못 됐다고는 하지 않는다. 문제는 이 칼럼니스트가 쏟아내는 칼럼이 지닌 정치성이다. 그는 지역 몫으로 배정된 한나라당 전국구 국회의원 공천신청을 할 만큼 정치지향 언론인으로서 여과되지 않은 한나라당 홍보류의 칼럼과 수구적인 이데올로기를 쏟아낸다. 따라서 <매일신문>의 정체는 수구언론이며 동시에 '한나라당 기관지'라 해도 과히 틀린 진단은 아니다.

지역민이 보수적인 것은, 아니 실제로는 수구적인 것은 우연이 아니다. 지역언론을 좌지우지하는 <매일신문>의 정체성에서 결코 자유로울 수 없기 때문이다. 언론의 시각이 폐쇄적이므로 지역민의 사고 또한 끼리끼리의 패거리 사회를 지향한다. TK사회의 문제는 바로 TK언론에서 찾아야 한다는 연유가 여기에 있다. 그러면 <매일신문>의 독자 프로파일을 살펴보자.

<매일신문>이 2007년 3월 리서치코리아에 의뢰해 자체적으로 조사한 『매일신문 경쟁력 강화를 위한 신문구독자 프로파일』에 따르면 독자의 43.3%가 10년 이상을 구독하였다. 이는 전국에서 가장 충성도가 높은 집단이다. 언론내용에선 독자가 앞서 애기한 <매일신문>의 지향 이데올로기에 그만큼 취약하며 무방비적이라는 것이다. 신문경영 측면에선 경영 기반이 그만큼 단단하다는 것을 의미한다. 이런 조건은 지방신문이 성장하는 뿌리로 중요한 토대가 된다. 한국사회의 중앙집

권적 성격 때문에 지방지가 뿌리내리기 어려운 상황에서 대구지역은 그러한 악조건을 보완할 수 있는 전건을 갖춘 셈이다(남재일, 2007, 26쪽). 이는 또 달리 말하면 새 신문의 시장진입이 매우 어렵다는 것을 의미한다. 반면 시장에 한번 연착륙하면 쉽게 장기적인 독자확보가 가능해 경영안정을 구축할 수 있음을 뜻한다. 새 신문의 창간작업이 매우 정교하면 시장진입에 얼마든지 성공할 수 있음을 보여준다.

<매일신문> 독자들은 기사별 만족도에서 대구경북 소식이 75.6점으로 만족도가 가장 높았다. 정치/사회 67.3점, 여론/사설/칼럼 66.4점, 기획/특집/연재물 63.0점, 스포츠/오락/문화 62.8점, 과학/기술 소식 60.0점으로 나타났다. 독자가 요구하는 기사선호도를 보면 중앙/지방 정치뉴스 49.6%, 사회일반 46.2%, 경제일반 40.8%, 사건/사고 39.7%, 사설/칼럼 34.8%, 부동산/재테크 29.8% 등의 순으로 경성기사의 강화를 요구했다.

지역민들은 <매일신문>의 보완점으로 첫째, 전체적인 기사량이 적다. 실생활 정보가 부족하다. 기사 질이 떨어진다고 지적했다. 여기서 곱씹어야 할 것은 기사량이 적다고 하여 물리적인 것을 말하는 것이 아니라는 점이다. 독자의 수요를 긁어주는 기사의 밀도가 떨어진다는 것을 뜻한다. 둘째, 지역에 편중된 시각을 가지고 있다. 특정 정당을 노골적으로 편든다고 말한다. <매일신문>은 이를 애향심으로 위장하지만 그것은 핑계일 뿐이다. 실제는 신문의 시각 및 논조가 왜곡 편향되어 있다. 셋째, 독자에 대한 서비스가 부족하다. 배달사고가 잦다고 하여 신문서비스가 아직도 고답적인 공급자 위주로 전개되고 있음을 보여줬다(남재일, 2007, 18∼28쪽).

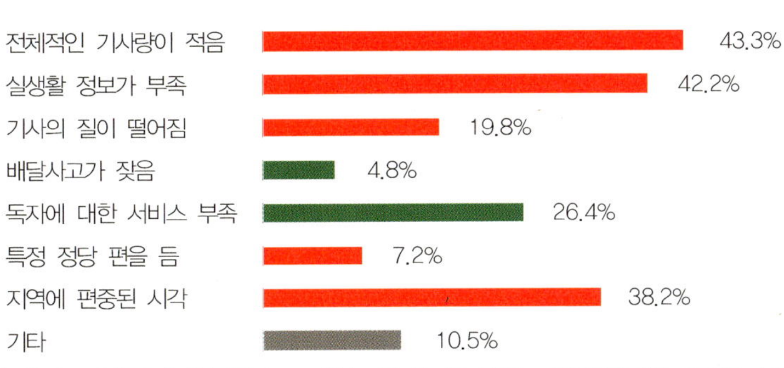

* 출처: 남재일, 『지역신문 뉴스 생산조직 합리화 방안』, 한국언론재단, 2007, 18쪽.

대구지역의 언론구독실태를 조사한 자료에 따르면 지역민들은 지역신문을 읽는 이유에 대해 △지역사회의 소식을 알기 위해 50.0% △생활정보나 상식을 얻기 위해 25.7%라고 대답했다. 언론의 역할과 기능을 평가하기 위해 △신뢰도 △언론자유 △공정성 △심층성 △다양성 △지역사회 발전기여도 등에서는 5점 만점에 2.73점을 기록했다. △정확성 △객관성 △공정성 △중립성을 중심으로 한 지역신문의 기사에 대한 평가는 10점 만점에 5.28점을 나타내, 독자들이 그다지 만족하지 못하고 있음을 보여줬다. 이는 지역신문이 있어도 그만, 없어도 그만이라는 사실을 진실로 확인해 주는 것이다.

독자들은 지역신문 기사에 대한 불만으로 5점을 척도로 하여 △제대로 비판하지 못한다 2.83 △대책 없이 비판만 한다 2.79 △정정보도 불충분 2.73 △지역유지 대변 2.71 △회사이익 우선 2.57 △사실과 의견의 혼합 2.57 △전문성 부족 2.57 △사실 확인 불충분 2.40 △오보 많다 2.35라고 평가했다. 지역신문은 비판성이 결여돼 있으며, 사익을 우선시하고, 보도의 기본자세조차 갖추지 못한 것으로 추론할 수 있는 근거를 제공하고 있는 것이다(최경진, 2004, 421~426쪽).

이 자료는 현재의 독자들이 지역신문에 대해 어떤 불만을 느끼고 있는지를 매우 구체적으로 적시해 준다. 시민언론의 독자들이 이와 같은 불만을 해소할 신문만 만든다면 그 시장성은 얼마든지 담보된다고 할 수 있다.

🖫 불황극복 단초

●아날로그신문 / ●디지털매체 / ●CEO 경영능력

미국의 전통적인 미디어시장, 즉 신문과 텔레비전은 노인층이 가장 큰 수용자 집단이다. 이는 우리나라도 별반 다르지 않은 추세다. 실버세대의 미디어 수용은 비교적 안정적인데 비해 장년층은 완만한 감소세를, 청년층은 가파르게 기존 미디어를 떠나는 현상이다. 신문 콘텐츠나 텔레비전 프로그램은 미디어 충성도가 가장 열정적인 실버세대를 외면한다. 열성적인 미디어 수용자 집단을 애써 외면함으로써 그나마 남아있던 독자·시청자마저 쫓아내는 형국이다.

오늘날 젊은이들은 아날로그신문 보다는 디지털매체에 더 익숙하다. 이는 신문시장의 미래가 퇴화하고 있음을 의미한다. 이에 신문사는 젊은이들의 아날로그신문 기피와 무관심을 타파하기 위해 연성뉴스의 확대, 포맷의 변화 등 나름대로 변혁을 꾀하면서 자구책마련에 나섰지만 전략의 미숙으로 이들을 붙잡는 데는 실패했다. 재미없는 신문을 떠나 인터넷으로 미디어 대이동을 하는 독자를 탓할 순 없다. 발상의

전환을 통해 이를 역으로 해석하면 신문시장은 그만큼 파워풀하다는 것을 뜻한다.

요체는 이와 같은 시대적 추세에도 불구하고 막대한 자본을 투자하여 새 신문의 창간을 제안하는 것이다. 신문시장은, 특히 지방신문은 틈새시장으로도 얼마든지 성장과 시장확대를 할 여지가 충분하다. 이를 새 신문 창간 자본주나 CEO가 인식하지 못해서 그 시장결과가 신통찮은 것이지, 시장 여건 자체는 이보다 더 좋을 수 없을 정도로 무르익어 있다. 다음의 자료는 이를 객관적 수치로 증명해준다.

아래의 <표 6>은 여론조사기관인 한국리서치가 연간 데이터를 재구성하여 지난 5년 간의 평균 열독률을 조사한 자료다. 신문 열독 점유율이란 독자가 어느 신문을 얼마만큼 보느냐를 수치로 계량화하여 표현한 것이다. 이를 보면 유력 지방신문은 상위권에 하나둘 랭크되어 있다. 대체로 <조중동>이 지방신문 시장 또한 독점적으로 장악하지만, 그래도 지방신문이 하기에 따라서는 얼마든지 시장경쟁을 할 수 있는 여건과 토대가 구비되었음을 역으로 의미한다.

<표 6> 신문 열독 점유율

순위	강원			대전			광주			대구			부산		
	신문사	5년평균	점유율	신문사	5년평균	점유율	신문사	5년평균	점유율	신문사	5년평균	점유율	신문사	5년평균	점유율
1	중앙일보	9.94	14.43	조선일보	11.6	18.99	동아일보	11.78	18.53	조선일보	14.56	22.23	조선일보	14.16	19.22
2	조선일보	9.08	13.18	동아일보	11.6	18.99	중앙일보	9.64	15.16	매일신문	10.54	16.09	중앙일보	13.26	18.00
3	강원일보	8.18	11.88	중앙일보	9.18	15.03	한겨레	7.04	11.07	동아일보	9.67	14.90	부산일보	12.18	16.53
4	동아일보	8.08	11.73	매일경제	3.74	6.12	광주일보	4.76	7.49	중앙일보	8.28	12.61	동아일보	5.56	7.54
5	강원도민	4.9	7.11	대전일보	3.24	5.30	조선일보	4.1	6.45	영남일보	4.06	6.20	국제신문	4.76	6.46
6	경향신문	4.84	7.03	경향신문	2.72	4.45	전남일보	3.06	4.81	스포츠조선	2.52	3.85	메트로	3.22	4.37
7	한겨레	3.4	4.94	일간스포츠	2.04	3.34	스포츠서울	2.96	4.66	매일경제	2.5	3.82	매일경제	2.46	3.34
8	스포츠서울	3.26	4.73	스포츠서울	1.94	3.18	경향신문	2.92	4.59	스포츠서울	1.62	2.47	포커스	2.40	3.26
9	일간스포츠	3.24	4.70	한겨레	1.88	3.08	매일경제	2.9	4.58	경향신문	1.46	2.23	스포츠서울	2.38	3.23
10	스포츠조선	2.28	3.31	스포츠서울	1.04	2.68	스포츠조선	2.0	3.15	메트로	1.38	2.11	일간스포츠	2.36	3.20
상위 10개		57.2	83.05		49.58	81.15		52.16	80.47		56.66	86.5		62.74	85.16
	전체31개	68.88	100.0	전체33개	61.09	100.0	전체33개	63.58	100.0	전체33개	65.50	100.0	전체36개	73.68	100.0
조중동 합계		27.10	39.35		32.38	53.00		25.52	40.14		32.58	49.74		32.98	44.76

* 출처 : 이은주 · 노기영, 『미디어 시장 획정 연구』, 한국언론재단, 2009, 48～49쪽.

"金榮在의 地方新聞 改革論"이 사양산업(?)이라는 지탄에도 새 신문의 창간을 제안하는 것은 <표 6>에서도 그 성공 가능태를 확신했기 때문이다. 신문산업이 결코 "레드오션"이 아니라 "21세기의 정보산업 패자로서 블루오션"이다. 그것은 단지 창간 자본주나 CEO의 경영능력이 문제일 따름이다.

오늘날 신문이 점점 몰락하는 산업으로 전락하는 근본적인 이유는 자본주나 CEO의 무능에서부터 불황극복의 단초를 찾아야 한다. 그 다음으로는 시대의 변화에 따르지 못하는 고루한 언론인 문제가 있다. 한국언론의 위기극복 처방은 이와 같은 본질적인 문제는 철저히 외면하고, 말단적이고 지엽적인 문제에만 죽자 사자 매달린다. 그 결과가 별무신통함은 너무나 자연스럽고 상식적이다. 이 글은 이와 같은 문제의식을 전제한 지방신문 개혁론이며, 그 실질적 대안으로서의 새 신문 창간주장이다.

🖫 지방지 경영 여건

●획일화 극복과제 / ●성장성 기반단단 / ●신문사 하기나름

대구지역 신문시장은 전통적으로 지방지가 절대 우세했다. IMF 이후 '사람 자르기'를 통한 대대적인 구조조정 이후 전국지와 지방지의 시장점유율이 크게 요동치기 시작했다. 특히 2000년대 들어 PC통신·인터넷 등 대안미디어가 활성화되면서 전국지는 변화된 시장적응을 위해 재빨리 변신을 기도하는 등 '신문개혁'에 착수했으나 지방지는 남의 일인 양 손 놓고 구경만 했다.

"오로지 지방신문이니까 봐 달라"는 주먹구구로 일관한 결과 전국지의 독자이탈은 완만하게 진행된 반면 지방지의 독자이탈은 둑이 터진 격이었다. 2000년대 들어 지방지와 전국지의 점유율이 전도됐다. 이는 지방신문이 신문의 질적 향상을 등한시했다는 것과 신문개혁의 시기를 실패했다는 것을 의미한다.

<표 7> 대구지역 전국지·지방지 점유율 변화

시점	지방지	중앙지	대상
1994년	76.2%	23.8%	일반가구
2004년	42.6%	54.4%	〃
2005년	40.8%	59.2%	〃
	38.3%	61.7%	사업체(개인사업자 포함)
증감	▼35.4%	▲35.4%	1994/2004 증감

* 자료: (주)리서치코리아 조사
** 출처: 남재일, 『대구 매일신문 참여관찰 분석 결과』, 『지역신문 뉴스 생산조직 합리화 방안』, 한국언론재단, 2007. 15쪽.

TK지역 지방언론의 신문시장 역시 여타지역과 마찬가지로 <조중동>이 50% 이상의 시장을 독점하고 있으며, 제1지와 제2지를 중심으로 편성되어 있고, 나머지는 유명무실하여 신문사 간판만 달고 있다. 또한 언론의 내용은 1중대·2중대·3중대 등 획일화된 언론환경을 노출한다. 이는 80년대 이후 지역의 보수반동·수구언론의 한계를 드러내는 것이라 할 수 있다. 좀 거칠게 요약하자면 TK언론은 배타적인 독점언론 아래 제도언론 추종지인 기회주의적 상업언론과 제도언론 흉내 내기에 급급한 무늬만의 언론이 지배하고 있다고 할 수 있다.

이러한 언론환경을 감안하면 시민언론의 시장성은 무궁하다. TK언론의 시장성은 인구 100만 명당 신문 전국 평균치가 3.27개인 데 비해 대구는 2.0개, 경북은 0.7개인 점을 봐도 얼마든지 확보할 수 있는 과학적인 근거로 전망할 수 있다(한국광고주협회, 『2001 인쇄매체수용자조사』, 2001). 다만 과제는 역시 TK가 만드는 TK신문이냐 아니냐에 따른 문제일 따름이다. TK가 만드는 TK신문이라면 그 미래는 없다. 그럴 바에는 아예 신문을 시작하지 않는 것이 언론산업의 발전에 기여하는 것이다. 시민언론은 이와 같은 가치관을 토대로 하여 출범해야 한다.

<☺ 2004. 12. 27. / 2006. 7. 22. 고침. / 2008. 3. 2. 더함.>

지방신문과 지역신문 논쟁

● 정치권 논리매몰 / ● 편가르기 자행 / ● 공론 확대재생산

서울지역을 제외한 지방·지역에서 발간되는 신문을 둘러싸고 지방신문이냐 지역신문이냐는 논란이 있다. 현재 다수설은 지역신문이다. 하지만 95년 이전까지는 대체로 광역시·도청 소재지에서 발간되는 기존 일간지를 '지방신문·지방일간지'로, 각시·군청 단위로 발간되는 주간·격주간 신문을 '지역신문'으로 불렀다. 이는 지방신문은 광역자치단체를, 지역신문은 기초자치단체를 분류의 잣대로 했다고 할 수 있다.

이 개념은 노무현 정부의 출범 이후 "지방신문 살리기" 이데올로기가 정치적 목적을 띤 정책으로 도입되면서 '지역신문'이라는 개념에 흡수 통합되었다. 그 논리적 근거는 '지방'과 '중앙'이라는 편 가르기식 흑백논리에 닿아 있다. 지역론자들은 지방과 중앙은 행정적 구분에 의한 잣대로 종속관계를 의미하며, 지역은 서울 또한 지역의 하나로 보는 평등한 관계에 따른 문화적 구분이라 주장한다.

노무현 정권의 정치적 포퓰리즘 구호

우리나라는 반도국가다. 반도국가는 중앙집중적인 발전전략이 유효하다. 가장 단적인 예는 이탈리아다. 이탈리아는 로마 집중시대엔 융성했으나, 중앙집중이 붕괴되면서 국력이 쇠퇴했다. 고구려가 신라에 패망한 이유도 대륙형

국가모델인 지방분권 정책을 채택한 탓이다. 중앙집중은 효율성과 생산성의 극대화를 특징으로 한다.

자원이 부족하였던 우리나라가 세계 최강국이었던 중국과 국경을 마주하면서 대륙국가에 복속되지 않고 자주를 지킬 수 있었던 것은 바로 중앙집중에 있었다. 여기서 필자가 중앙집중을 얘기한다하여 그 신봉자라고 오해하지 마시기 바란다. 중앙집중의 참된 의미는 경인지방, 영동지방, 영남지방, 호남지방 등이라 일컬었듯이 수도권도 하나의 동등한 지방으로 인식하는 평등에 있지 결코 현재와 같은 기형적인 중앙집중을 얘기하는 것은 아니다. 이 글에서 말하는 중앙집중은 독립적인 관계의 지방을 일컫는다. 광의의 지역을 의미하는 지방은 실체가 있으나, 지방의 일부분을 일컫는 지역은 문화적으로 실체가 없다. 따라서 중앙집중이 문제시될 리는 하등 없다. 다만 수도의 우선적 발전 이후에 그 성장의 과실이 점차 지방으로 확산되어야 한다는 점은 전제된다.

국가가 지향해야 할 정체성이란 측면에서도 지역분권보다는 중앙집중이 발전전략에서 훨씬 더 효율적이다. 문제는 '서울공화국'이 지닌 기득권을 독점적·배타적으로 향유하려는 것이다. 다시 말해 전국의 모든 역량을 총동원해 최단시간 내에 파이를 키우고, 그것을 수도권부터 차례로 나눠 갖는 것이 보다 생산적이다.

노무현 정권이 표방한 격렬한 '지역' 이데올로기에는 편 가르기로 쪼개기를 통한 '뺄셈정치의 권력안보'란 정치적 목적이 내포돼 있다. 중앙정치에 권력적 기반이 취약했던 노 정권은 권력의 기반을 다지기 위해 그 전략과 명분을 확실한 지지자 엮어두기에 뒀다. 중앙과 지방의 분리 전술로 정치사회적 헤게모니 장악과 진지구축을 도모했다. 그 실천적 방법을 수도권 집중을 명분으로 지방분권정책을 표방했다. 수도권과 비수도권, 중앙과 지방이라는 지극히 단세포적인 편 가르기 프레임이 도입됐다.

'중앙(서울)＝지방'은 '종속관계'라는 일방적이고 자의적인 잣대는 전통문화를 도외시한 정치적 포퓰리즘의 산물이었다. 노 정권을 비롯한 일부 해바라기성 사이비 진보주의자들이 가세해 설익은 논리로 급조해 낸 정치적 구호에 불과했다. 노 정권은 서울과 지방이라는 이항 대립 구도를 조성함으로써 역대 정권이 북한문제·민족통일·국가안보를 정권안보와 권력 다지기에 악용했던 것처럼 지방과 지역을 정치공작에 차용했다.

이는 필연코 수구 기득권의 반발을 초래하기 마련이었다. 정치권력이 사회적으로 대립과 갈등을 부추기는 데 반발하여 수구 기득권 세력은 분배와 확산에 극렬히 저항하고, 투쟁과 쟁취가 정책적으로 표방되었다. 수도권은 철밥통 기득권을 옹호 내지는 향유를 강화해, 실질적으로 수도권 집중의 고착화를 초래했다.

노 정권의 말처럼 지방을 지방이라 하지 않고 지역으로 중앙과 대등한 관계로 독립했다고 해 보자. 경제의 동맥인 금융의 **80%** 이상이, 국가의 신경인 미디어의 **90%** 이상이, 문화의 실핏줄인 교육의 **70%** 이상이 중앙, 즉 수도권에 집중된 현실에서 지역의 쪼개기를 통한 홀로서기는 바로 파멸과 파산을 의미한다. 서울, 즉 중앙의 배려 없이 지역, 다시 말해 지방·지역은 아예 존재할 수 없는 것이 현실이다. 지방이라 하여 패배주의적이고, 지역이라 하여 대등하다는 논리는 지나치게 주관적인 잣대다. 과학적 근거가 전혀 없는 허무맹랑한 담론에 불과하다.

개념규정 모호해 나아갈 방향 상실

노무현 정권의 "지방 살리기" 캠페인에는 지방신문과 지역신문이 총동원됐다. 정치에서 새우가 고래를 삼킨 것처럼 신문으로서의 형식과 내용을 전혀 갖추지 못한 지역신문이 단숨에 지방신문·지역일간지의 이데올로기를 흡수했다. 언론에서도 작은 것들의 반란이 일어난 셈이다. 노 정권하에서 지방신문이 사라지고 지역신문이 나온 배경이다.

노 정권의 정치적 목적에 의해 태어난 지역신문발전위원회는 "일반적으로 지방종합지의 경우는 '지방신문', 시·군 단위를 중심으로 발행되는 주간신문은 '지역신문'으로 통용되어 왔다. 그러나 '지역'이라는 개념은 본래 내재하는 종적인 구조 없이 공간적 넓이로서의 지리성에 중점이 두어지는 반면, '지방'이란 개념은 정치적·경제적·문화적인 종적 구조가 포함되어 있다. 따라서 신문과 신문 사이의 관계가 종적인 관계가 아닌 이상 지방신문이라는 개념은 맞지 않다. 지방신문이라 표기할 경우 중앙신문의 종속적인 개념이 된다. 전국을 대상으로 하는 신문사의 자회사가 아닌 이상 지역에 소재하는 신문사는 전국을 대상으로 하는 신문에 대응한 적절한 개념으로 지역신문이라 표현해야 한다"고 주장했다(지역신문발전위원회, 『제1기 지역신문발전위원회 백서: 지역신문 3년, 성과와 과제』, 지역신문발전위원회, 2007, 8쪽).

지방신문·지방일간지가 사라지고 지역신문이 개념을 통일함으로써 지역신문론에는 모순된 혼란이 자연스럽게 일었다. 지역일간지 사정과 지역주간지 형편이 비빔밥처럼 뒤섞여 논지가 오락가락한다. 지방신문·지방일간지와 지역신문은 정체성이나 이데올로기, 지향 목표, 언론 내용, 미디어 체제와 문화 등에서 판이하다. 닮은 곳은 조금도 없다. 이질적인 시스템을 전혀 이해하지 못하고 지역신문론자들은 뭉뚱그려 지역언론·지방언론 현실을 진단한다.

지역신문론자들이 범하는 가장 큰 오류는 지방일간지와 지역주간지를 구분하지 않고 광범하게 지역신문이라 칭함으로써 개념규정과 원인진단 등에서 심각한 혼란을 초래한다는 점이다. 백 번 양보하여 지역신문론자들의 정치적 목적성에 따른 지역신문론을 수용한다 하더라도 순수하게 그 의미를 지니려면 중앙과 지방을 구분, 굳이 편 가르기 하는 것은 지양해야 한다.

즉 지역신문은 지방일간지와 지역주간신문을 분리하여 담론을 생산하여야 비로소 책임성을 지닌 논지를 도출할 수 있다. 이를 간과하면 정확한 실체를 담을 수 없다. 그것은 앞서도 얘기했듯이 지방일간지와 지역주간신문의 생리와 문화가 판이하게 다르기 때문이다. 가령 무엇이 언론이고 무엇이 프로파간다인가를 구분하는 척도 가운데 가장 중요한 잣대인 '비판기능'에서 고찰한다면, 지방일간지는 저널리즘으로서의 최소한의 그 기능은 지녔으나, 지역주간신문은 그 기능이 전무하다.

　지역주간신문은 저널리즘이라 하기보다는 해당 시·군의 행정홍보지, 반회보지에 더 가깝다. 무엇보다 가장 심각한 것은 신문의 품질이란 측면에서 신문이라 하기엔 함량미달이다. 언론으로서의 기능과 역할에서뿐만 아니라 사명에서도 지역신문은 신문 구실을 한다고 할 수 없다. 지역신문에선 언론 구분의 가장 초보적인 이데올로기인 비판기능부터 찾을 수 없다. 그로 인해 지역신문은 지역공동체의 커뮤니케이션 통로로서 제 기능과 역할에 미흡할 뿐 아니라 진정성이 전혀 없다.

　지역신문의 빈약한 인적 구조와 신문 제도, 열악한 시스템이 근본적으로 미디어로서의 틀을 갖추지 못한 탓이다. 언론사로서의 지역신문은 한마디로 자격미달인 셈이다. 좀 심하게 말하면 지역신문은 무늬만 신문이지, 실체는 신문이 아니다. 오로지 '지역주민의 애향심 고취'라는 명분 아래 실질적으론 지역 님비주의에 기생하면서 지역자치단체의, 지역 토호·유지의 홍보선전지 노릇에 급급하다. 지역신문론자들은 이런 지역신문과 지방신문·지방일간지를 구분 없이 혼효함으로써 개념의 불확실성을 초래해 정확한 현실진단에 부정적인 결과를 초래한다. 이는 필연코 대안 마련도 어긋나게 하기 마련이다. 노무현 정권의 지방언론 정책이 실패한 가장 핵심적인 원인이다.

　비근한 예로 언론의 존재와 의미를 의심케 하는 주재기자를 둘러싼 현안만 해도 그렇다. 그것은 지방일간지에 소속된 시·군 주재기자 문제이지, 지역주간신문, 즉 지역신문엔 주재기자 문제가 근본적으로 존재할 수 없다. 지역신문엔 아예 주재기자가 없다. 본사 기자라야 대개는 두세 명, 많게는 네댓 명이 고작인 신문사에서 주재기자를 채용할 여력도 없을 뿐 아니라, 주재할 지역도 없다. 지역신문에서 주재기자 문제는 처음부터 논의에서 비켜나게 된다. 지역신문 운운하면서 주재기자 문제를 이러쿵저러쿵 얘기하는 그을 넣을 수 없기 때문에 현실상 분명히 존재하는 현상이 없는 것처럼 되면서 시장은 바른 정책 방향을 세울 수 없을 뿐 아니라 왜곡을 피할 수 없다. 이는 전적으로 개념의 혼용에서 기인한 그릇된 진단이 그 원인이다.

정치권력의 언론장악 주문에 속수무책

이처럼 지역신문론자들의 '지역신문론'은 그 논지가 명징하지 못하다. 단세포적인 교조주의적 운동권식 사고에 기반을 둔다. 권력안보를 도모했던 정치권력의 강력한 정치적 목적성을 동반하고 내포한다. 지방신문을 지역신문에 통합한 것은 결코 정의로운 개념이라 할 수 없다. 굳이 현재의 신문현상은 '중앙지 VS 지방지'가 아니라 신문의 배포지역을 척도로 광역시도 단위에서 발간되는 신문은 지방신문, 서울에서 발간되어 전국으로 배포되는 신문은 전국지가 옳다. 따라서 개념의 투쟁과 구분의 척도는 '전국지 VS 지방지'이어야 한다.

지방일간지가 자신의 정체성을 갖지 못하고 언론학적으로 어정쩡한 경계에 처한 것은 전적으로 자신이 책임져야 할 몫이다. 지방신문은 로컬리즘을 상실하고 죽도 밥도 아닌 '반전국지'를 제작했던 무지를 자성해야 한다. 이를 바탕으로 지역신문에 흡수된 자신의 이름을 되찾아야 한다.

지방신문이냐 지역신문이냐는 논쟁이 중요한 것은 그것이 언론의 미래를 규정하기 때문이다. 현실인식에서부터 심각하게 오류에 사로잡힌 글이 문제의 본질을 담보하리라는 것은 오류인 것이 상식적이다. 따라서 "金榮在의 地方新聞 改革論"에서는 명백히 지방신문[지역일간지]과 지역신문[지역주간지]을 엄격히 구분해 논지를 전개하고 기술한다. 독자 여러분은 개념에서 혼돈 없기를 바란다.

<☺ 2009. 1. 18.>

⑥ 시민언론을 창간하자

이번 장에서는 졸저 『시민언론 창간론; 언론의 미래와 전략』을 중심으로 지방신문의 적나라한 문화를 되짚고 그 실질적 대안을 제시한다. 기사의 대부분과 출처는 위의 책에서 가져왔다. 다만 인도의 영자신문 <DNA> 창간사례만 새로 덧붙였다.

신문창간에 앞서 가장 먼저 되새겨봐야 할 것은 현재 지방지의 정확한 현실이 어떠하냐는 것과 언론CEO가 어떠한 마음에서 신문창간을 하느냐이다. 이는 매우 본질적인 문제다. 위의 책에는 이에 대한 보다 풍부한 해설이 곁들여 있어 보다 생생한 현장실감을 느낄 수 있을 것이다.

아무튼 많은 지방신문이 낙후한 지역사회의 언론 발전을 위해 지방지의 사명과 역할 완수하고자 분투한다. 반면 또 많은 수의 지방신문은 언론자유를 갉아먹으며 살아간다. 이 또한 부인할 수 없는 현실이다. 신문창간에 앞서 지방지의 이러한 문화를 솔직하게 인정하는 것도 민주언론 구현을 위해서는 필수적으로 거쳐야 할 과정이다. 그것은 지방지의 현재를 비추는 생생한 거울이다.

지방신문의 창간시장은 활화산과 같다. 매우 역동적이다. 일부 언론모리배·언론행상배가 주도하는 어떤 신문사는 자기돈 10원도 들이지 않고 신문창간이 가능하다. 우선 법원 앞에 있는 브로커로부터 선이자를 떼고 빌린 돈 5,000만 원으로 법인을 설립한다. 주재기자의 보증금으로 운영자금을 조달해 신문사 간판을 내건다. 필요한 인력은 다른 언론사의 구조조정에서 퇴사한 자와 휴·폐업한 신문사 등에서 데려오면 된다. 신문제작은 뉴스를 인터넷에서 '무단 퍼오기' 해 짜깁기하고, 때론 방송을 녹취해 기사를 만든다(배병화, 2003).

이런 신문 사주는 언론이 언론다운 제구실을 하느냐 못 하느냐에는 전혀 관심이 없다. 신문이 2류건 3류건 게의치 않는다. 신문경영의 합리화니 과학화니 따위도 상관 않는다. 신문에 대한 투자는 최소한의 생색내기, 흉내 내기에 그친다. 그러면서 내세우는 명분은 그 듣기 좋은 '자립경영'이다. 오로지 신문사 간판만 달고 있으면 그것으로 만족한다. 신문사 명패만 유지하면 모기업의 바람막이를 할 수 있을 뿐 아니라 지방신문 사주로서 지역사회에선 유지로, 토호권력으로 당당히 대우받을 수 있기 때문이다.

어디 그뿐인가. 언론과의 유착을 도모하지 못해서 안달인 사회지도층과 지식인 그룹이 줄줄이 찾아와 굽실굽실한다. 여기에다 운이 좋아 임자만 잘 만난다면 신문사를 팔아 한 밑천 톡톡히 챙길 수도 있다. 상황이 이러한 까닭으로 지방언론시장은 신문의 위기와는 아랑곳없이 신문창간 붐은 좀체 식을 줄 모른다. 많은 새 신문이 이런 언론환경 아래서 창간했다면, 그 대부분은 틀림없이 사이비언론·쓰레기언론이란 문제를 지닌다.

우리나라 언론사회에서 지방지와 사이비언론은 사촌쯤 된다. 연중 한두 번은 반드시 사이비언론인이 떼거리로 구속된다. 언론인이 스스로 뉴스의 주인공이 되어 지면과 전파를 탄다. 지방신문의 사이비 행각은 대개 '생계형 언론비리'가 가장 많다. 구린내 나는 곳에 가서 사진 몇 장 찍고 기사화하겠다고 공갈 협박하다가 쇠고랑을 덜컥 차는 경우가 다반사다.

지방언론의 사이비 행각 이면에는 쥐꼬리만 한 월급조차 제대로 지불하지 않는 악덕 언론사·언론사주 문제가 도사리고 있다. 심지어 어떤 악덕 언론사·사주는 명목상 책정해 놓은 임금의 지불흉내는 고사하고, 사이비 행각으로 뜯은 돈을 나눠 갖자는 파렴치함마저 버젓이 존재한다.

지방언론에는 당장 쓰레기 종량제를 실시해야 할 대상도 적지 않다. 이들은 언론으로서의 아무런 의미도 지니지 못한 '무늬만의 언론'이다. 언론행위를 단순히 요식적으로 행하니까 대부분 가정독자는 없고, 관공서 독자와 광고주만 존재한다. 주재기자의 지국 보증금과 지대 및 광고 할당금이 신문사 수익의 가장 큰 몫을 차지한다.

쓰레기언론이냐 아니냐는 언론사주와 언론종사자들의 마음가짐에 달려 있다. 비록 사세가 여의치 못해 군소언론으로 출범하더라도, 의미 있는 언론제작을 하면 최소한 쓰레기언론은 모면할 수 있다. 그러기 위해서는 창간에 앞서 그 이념과 목적을 뚜렷이 해야 한다. 이를 결여하거나 소홀히 하면 창간의 뜻을 펴기도 전에 쓰레기통으로 들어간다.

세상이 거울처럼 투명해지면서, 또 빛의 속도로 변해 간다. 케케묵은 패러다임과 마인드로는 시장에서 생존할 수 없다. 그건 상식이다. 지난해와 올해 세계신문협회(WAN) 총회를 다녀온 보고서(김영욱, 2008, 2~41; 김영주, 2009, 2~43쪽)는 21세기 디지털 저널리즘시대 신문의 가치 제고를 위한 제안을 다음과 같이 지적했다.

첫째, '읽는 신문'에서 '보는 신문'으로 전환하는 등 이용자 친화적인 신문으로의 변신이 활발하다. 세계의 선진신문은 인포그래픽(*inforgraphics*)의 친절한 활용을 통해 독자의 가독성과 이해도를 향상하고, 결과적으로 신문콘텐츠 제공의 질과 형식이 보다 독자 친화적으로 다가갈 수 있도록 애쓴다. 그 일환으로 미술디자이너를 뉴스팀에 배속, 기자와 공동작업을 하게 한다.*

둘째, 맞춤형 신문, 개인화된 신문 추구이다. 오늘날 신문은 더 이상 매스미디어(*mass media*)가 아니라 퍼스널 미디어(*personal media*)다. 따라서 새롭고 타깃화된 신문으로 독자의 요구를 반영하여야 한다. 독자의 니즈(*needs*)에 부응하지 못하면 시장생존을 담보할 수 없음은 상식이다. 독자가 무엇을 원하고, 독자의 특성에 맞게 개인화된 정보를 제공할 수 있어야 한다.

셋째, 종이신문과 온라인과의 융합 지향이다. 인터넷과 신문이 동거하지 않고선 신문의 삶을 영위할 수 없다. 인쇄신문이 온라인에 적응하지 못하면 도태가 불가피하다. 어떠한 형태로든 오프라인 신문은 온라인 매체의 특성을 지면에 구현해야 한다. 이를 간과하면 미디어시장

---

* 인포그래픽은 인포메이션 그래픽(*information graphics*), 뉴스 그래픽(*news graphics*)이라고도 한다. 정보, 출처 또는 지식의 시각적 표현을 일컫는다. 정보를 구체적, 표면적, 실용적으로 전달한다는 점에서 일반적인 그림이나 사진 등과는 구별된다. 복잡한 정보를 빠르고 명확하게 설명해야 하는 기호, 지도, 기술, 문서 등에서 사용된다. 차트, 사실박스, 지도, 다이어그램, 흐름도, 로고, 달력, 일러스트레이션, TV프로그램 등이 인포그래픽에 해당된다(http://ko.wkipedia.org).

에서 '강퇴'가 불가피한 것이 그 현실이다.

오늘날 수용자들은 뉴스 전체를 읽기보다는 제목 훑어보기로 뉴스를 소비한다. 기사의 길이를 짧게, 눈에 띄는 제목달기, 지면 디자인을 강화한다. 아울러 읽을거리 기사를 소홀히 해서는 안된다. 기획기사·탐사보도 등 독자의 삶에 직접적 영향을 미치는 심층뉴스에 대한 독자의 요구는 꾸준히 증대되고 있다. 이는 세계의 신문이 어떻게 나아가야 할지를 명쾌하게 보여준다. 즉 정보형 기사는 짧고 간결하게 처리하되, 사회적 아젠다를 제시하는 기사는 심층보도를 지향하고 있다는 소리다.

신문기업은 또 신문불황을 타개하기 위해 뉴스의 존재바탕을 지역성에 두고, 지역민의 삶에 밀착한 정보의 생산에도 주력한다. 뉴스의 기술과 표현에 있어서도 차별화된 서사구조를 강구하는 등 효율적인 시장경쟁 강화방안에 고심한다. 아날로그 뉴스를 디지털 정보화로의 변신을 꾀하지 않고서는 신문기업의 미래를 담보할 수 없다는 사실을 깨닫기 시작했다. WAN총회 보고서는 신문기업의 살아남기 위한 변신과정을 생생하게 증언한다. 우리가 창간하고자 하는 시민언론은 이와 같은 신문의 변신을 수렴한 미디어다.

🖬 신문기업 CEO

●언론철학 확립 / ●언론권력 지양 / ●사람경영 추구

한국의 지방신문은 대개 토호언론으로 작동한다. 지방신문의 자본은 언론을 매개로 지역의 토착기업과 정치인·관료·문화인 등과의 유착관계를 형성하고, 이권을 주거니

받거니 한다. 많은 지방신문과 지역신문사는 토착세력의 한 축을 형성하면서 부당이득을 취하거나 기득권 유지를 위한 노골적 목적으로 신문을 경영한다. 따라서 이들에겐 정작 언론에서 가장 중요한 이데올로기인 언론의 사명이나 공익적 윤리 따위는 한낱 공허한 메아리일 뿐이다.

신문창간에서 가장 중요한 것은 언론사주·자본주의 언론철학이다. 신문경영에 대한 가치관은 신문의 본질을 규정하는 가장 강력한 힘이다. 언론사주가 어떤 성격을 지닌 자본으로 어떤 기능과 역할을 수행할 신문을 창간하느냐는 신문창간의 본질이다. 자본주의 세계관과 역사관이 건강하지 못하면 결코 언론의 사명을 구현할 온전한 신문이 태어날 수 없다. 신문이 레드오션(*Red Ocean*)에서 블루오션(*Blue Ocean*)으로 나아가려면 신문경영의 핵심 키인 신문기업 CEO·언론사주·자본주의 마음가짐에 달려 있다.

지방언론에서 언론사주는 황제다. 사주의 말 한마디는 곧 법이요 진리며 길이다. 무소불위의 사주권력을 통제할 장치는 아무것도 없다. 중앙지 사주는 그래도 쳐다보는 눈이 하도 많으니까 자제하는 척 흉내라도 내지만, 개혁의 사각지대에 처한 지방언론 사주는 아무런 견제 장치도 없으니 모든 게 제 마음대로다.

공익적 업무를 수행하는 언론인을 마름처럼 부리고, 홍위병쯤으로 여긴다. 지방신문을 자신의 사익을 지키는 파수꾼, 방패막이, 경호견·사냥견으로 생각한다. 심지어 어떤 악덕 언론사주는 언론을 자신의 '민원해결사', '재산관리인'으로 취급하기도 한다.

이처럼 지방언론이 지닌 문제점의 근원엔 지방신문 사주 문제가 있다. 이를 어떻게 해야 할 것인가는 지방언론개혁의 핵심적인 내용이다. 사주는 겉으론 지역문화와 언론발전을 위해 지방신문을 창간한다고 하나, 실제적인 속셈은 지역사회에서의 영향력 확대와 이권 확보를 위해서일 때가 더 많다. 여기에 지역언론인들이 동원된다. 결국 토호언론사주의 척결 없이 건전한 지방신문은 없다는 얘기다.

따라서 지방신문을 창간하려는 언론사주는 그에 앞서 "과연 나는 어떤 신문을 창간할 것인가"를 지방언론문화라는 거울에 비춰 본 후 창간작업에 나설 것을 권한다. 이 과정을 생략하거나 소홀히 하면 앞서도 말했듯이 언론사주의 언론철학·언론사상이 반영된 신문을 창간할 수 없다. 그러면 십중팔구 새 신문이 나아갈 좌표와 지표 등 방향성을 잃고 있으나 마나 한, 아니 자원만 낭비하는 '쓰레기언론'으로 이어진다.

언론사주가 신문창간에 앞서 숙지하여야 할 몇 가지 소양을 보자. 먼저 사람경영 문제다. 언론산업은 곧 사람사업이다. 언론산업은 생산과 가공을 전적으로 사람에 의존한다. 때문에 어떤 사람을 쓰는가에 따라 언론산업의 사업적 성패가 가름된다. 그런 의미에서 신문산업이 불황이라 하여 사람자르기에 몰두하는 신문사는 부실화를 면치 못하고, 종국에는 틀림없이 망한다. 사람에 대한 아낌없는 투자만이 신문의 미래를 담보할 유일한 재산이다. **R&D**(*Research and Design*) 없이 지속적인 성장을 기대할 수 없다. 신문기업의 **R&D**는 곧 사람에 대한 투자이다.

맹자(孟子)는 기업경영의 성공조건으로 "외부적 여건인 천시(天時·하늘이 준 기회)는 내부적 역량인 지리(地利·지리적 조건의 유리함)만 못하고, 지리는 조직 내부 구성원들의 인화(人和·사람들 간의 화합)만 못하다(『孟子』, 公孫丑下: 天時不如地利 地利不如人

和)”고 했다. 조직에 인화가 갖춰져 있지 않으면 그 모든 것이 신기루라는 것이다. 『손자병법(孫子兵法)』에서는 “상하가 같은 목표를 지향하면 반드시 이긴다(『孫子兵法』, 謀攻篇; 上下同欲者勝)”고 했다. 한 사람의 꿈은 그냥 꿈일 뿐이지만, 우리 모두가 함께 꾸면 그것은 현실이 된다는 얘기다. 조직 구성원 모두가 하나의 꿈으로 엮는 일은 바로 CEO가 해야 할 가장 중요한 자질이다.

다음으로 언론인 문제다. 언론산업의 환경이 급변하고 있다. 아날로그 저널리즘이 급속히 퇴조하면서 디지털 저널리즘의 시대가 도래했다. 뉴스의 생산양식이 종래의 생산자 중심에서 소비자 중심으로 전환 중이다. 아날로그적 구시대의 사고방식은 폐기할 때이다. 철지난 패러다임으로 21세기 지식정보사회의 경쟁력을 지닌 언론이 되겠다는 것은 어불성설이다.

이러한 시대적 패러다임을 인식한다면 새 신문의 존재양식은 주문자 뉴스·맞춤정보에서 찾아야 한다. 주문자 뉴스·맞춤정보란 특화된 기사다. 읽을거리 탐사기사를 주문자 뉴스·맞춤정보로 가공·판매하는 것 등이다. 정보의 저널리즘에서 읽을거리 저널리즘으로 탈바꿈하려면 언론인만으로는 불가능하다. 꿀벌 떼처럼 많은 독자가 뉴스의 제작과 생산에 참여하는 ‘꿀벌언론’ 형상을 하여야 한다. 언론인은 여왕벌처럼 중심점에 자리 잡고 꿀벌들이 열심히 일할 수 있는 분위기만 만들어 주면 된다. 바로 ‘독자 중심의 언론’이다. 이는 새 신문이 언론시장에서 생존할 수 있는 유일한 실질적 방안이다.

신문산업이 21세기 디지털 저널리즘시대에 접어들면서 기존의 몇몇 소수 언론이, 언론인이 ‘게이트키핑’을 통해 정보를 독점적으로 소유하고, 또 그것이 권력으로 행세했던 시대는 지났다. 오늘날 마음만 먹는다면 그와 같은 수준의 정보는 누구나 다 획득할 수 있다. 새 신문이 언론시장에서 자생력을 갖기 위해선 언론인들이 이를 자각하고, 경쟁력을 지닌 인사체제의 확립과 틈새시장을 겨냥한 창의성 있는 지면확보라는 두 가지 요건이 충족되어야 한다.

마지막으로 새 신문이 언론시장에 연착륙하려면 마케팅 정책의 인식전환이 불가피하다. 기존의 언론시장은 아날로그 매체가 막강한 자본과 영향력으로 강력히 지배해왔다. 여기에 새 신문이 뛰어들어 기존 언론과 같은 시스템으로 경쟁을 하겠다는 것은 난센스다. 물론 불가능한 것은 아니다. 천문학적인 자금과 장구한 세월을 꾸준히 투자한다면 언젠가는 가능하다. 그것은 '경영'이라는 측면에서 본다면 이미 '실패한 경영'이다.

새 신문이 언론시장에서 제공하는 서비스는 기존 매체가 지니지 않는 분야에서부터 경쟁력을 모색하고, 시장성을 갖출 필요가 있다. 새 신문이 기존 신문에 비해 갖는 최대의 장점은 형식과 제도에 얽매이지 않는 창의성이다. 문제는 현실에서 이를 뻔히 알면서도 구습을 고스란히 답습한다는 사실이다. 애당초부터 구조적으로 불가능한 것에 매달리면서, 21세기의 언론사로서의 지닌 장점은 스스로 배제한 채 버려야 할 20세기의 낡고 닳아빠진 단점만 맹종하면서, "신문이 안된다"는 것은 스스로 신문경영의 무능을 광고하는 것이며, 나아가 자가당착의 극치이다.

시민언론을 창간하려는 신문기업주가 이를 간과해서는 안된다. 거듭 말하거니와 시민언론은 블루오션의 매스미디어이다. 그것은 전적으로 언론사주·자본주가 스스로 어떤 신문을 원하는지에 달려 있다. 신문기업 최고 경영층이 기존 언론을 답습하는 패러다임에 젖어 있으면 유령언론·사이비언론·쓰레기언론을 면치 못한다. 신문은 결코 신문기업 CEO·언론사주·자본주의 한계를 벗어날 수 없다. 신문기업 CEO·언론사주·자본주가 언론산업 환경이 급변하는 시대적 패러다임을 인식한다면 시민언론의 미래는 밝다.

현대경영학의 전범으로 떠오르는 『손자병법(孫子兵法)』에서는 리더가 갖춰야 할 조건으로 먼저 업무를 꿰뚫어 보는 탁월한 혜안을 들었다[智·지식경영]. 다음으로는 나만이 아니라 조직 구성원 전체는 물론 사회가 더불어 '윈윈' 하는 상생의 철학을 지닐 것을 지적했다[信·혁신경영]. 사람을 가장 소중히 여기는 따뜻한 배려심 덕목도 빼놓을 수 없다[仁·사람경영]. 책임감을 깊이 통감할 수 있어야 한다[勇·공익경영]. 공사를 엄격히 구분하고 규율을 체계화하여야 하며 공정성을 지녀야 한다[嚴·윤리경영]는 것이다. 신문기업 창업주·CEO에게 "金榮在의 地方新聞 改革論"이 당부하는 경영 자질론이다.

〈DNA〉 사례 연구

●철저한 시장조사 / ●터닝 포인트 만들기 / ●공격적 마케팅

지난 2007년 7월 30일 인도 뭄바이에서 창간한 영자일간지 〈DNA(Daily News and Analysis)〉의 창간 성공기는 신문창간 전략이 얼마나 중요한지를 단적으로 보여준다. 인도 2대 메이저 신문기업인 다이닉 바스카(Dainik Bhaskar) 그룹과 지(Zee) 그룹의 조인트 벤처기업인 딜리전트 미디어 코퍼레이션(Diligent Media Corporation)이 창간한 〈DNA〉는 뭄바이 제2의 영자일간지로

126만 명의 유료독자가 있다. <DNA>의 사례분석을 통해 성공적인 새 신문의 창간 방안을 모색해 보기로 한다(오수정, 「INMA 총회로 본 신문산업의 미래」, 『2009 해외 미디어경영; 뉴스기업의 비상경영』, 한국언론재단, 2009, 84~88쪽).

<DNA>는 창간하기 전 치밀한 시장조사를 했다. 뭄바이 영자일간지 시장은 330만 명의 영어상용자 중 <타임스 오브 인디아(Times of India · TOI)>가 180만 명의 독자를 독점적으로 확보하고 있었다. 많은 신문이 시장진입을 시도했으나 실패했다. 이는 우리나라의 신문시장 환경과 상황이 똑같다. 따라서 <DNA>의 창간전략 사례는 매우 좋은 반면교사다.

아무튼 우선 주목할 점은 <DNA> 창간추진자들의 새 신문 창간에 대한 확고한 신념이다. 이들은 150만 명의 틈새시장은 개척 가능할 것이라는 신념하에 창간준비에 나섰다.

<DNA>는 창간을 앞두고 매우 체계적이고 공격적인 마케팅을 전개했다. 독자가 무엇을 원하는지, 어떤 신문을 요구하는지, 독자의 신문을 만들기 위해 독자를 직접 만나 여론을 듣는 광범한 조사를 실시, 신문 브랜드에 대한 인지도를 제고했다. 무려 330만 영자신문 시장에서 110만 명이 <DNA> 창간소식을 접할 수 있었다.

동시에 창간 전인 3월 5일부터 매달 5일마다 형식을 바꿔 가며 독자들의 관심을 유발하는 티저광고를 내보냈다. 뭄바이의 상징적인 곳을 <DNA>의 색인 보라색과 노란색으로 칠해 감성적인 칼라 마케팅도 실시했다. <DNA> 고유의 색을 일관되게 강조하는 친화전략에 시민들은 급속히 동화되었다.

구독자와 광고주에 대한 판촉 서비스는 △독자의 신문임을 강조 △

서베이 결과물을 공유 △최고의 질적 수준을 담보한 저널리즘 제공 △<TOI> 독점체제 문제점 부각 △<TOI> 절반의 구독료 등을 강조했다. 이와 같은 노력으로 <DNA>는 창간 첫날부터 30만 명의 구독자를 확보한 제2가 될 수 있었다.

<DNA>는 창간 후에도 150년 전통의 <TOI>보다 부족한 브랜드 인지도 향상을 위해 전략적 마케팅을 지속적으로 펼쳤다. 신문의 품질 향상과 질적 수준 향상을 기본으로 <TOI>를 타깃으로 한 공격적 광고·판촉 전략을 전개했다. 그 결과 2년간 독자 수가 90만 5,000여 명에서 126만 명으로 40%나 성장할 수 있었다.

시장 연착륙에 성공한 <DNA>는 2012년이면 손익분기점에 이를 것으로 전망한다. 이를 조기에 달성하기 위해 △지면 광고비율 40%로 증가 △고객 맞춤형 섹션 개발 △가족신문, 특집기사 활성화 △예산의 효율적 활용 등 손실 최소화와 수익 극대화를 전략적으로 추진 중이다(오수정, 2009).

이처럼 <DNA>의 성공 사례는 세계 신문 역사상 유례가 없이 6만여 국민주주의 성원으로 창간에 성공한 <한겨레신문>과도 공통점을 보여준다. <한겨레신문>의 창간 신화는 먼저 '시대를 읽는 눈'을 들 수 있다. <한겨레신문>은 당시 우리 사회의 민주화라는 거스를 수 없는 대세에 편승한 전력을 폈다. 즉 '언론자유＝민주화＝진보언론'이라는 <한겨레신문>의 창간 명분은 시대의 흐름과 절묘하게 맞았다(김영재, 2009, 455～457쪽).

그것을 가능하게 한 것은 창간주체의 면면이었다. 군사독재정권의 언론탄압으로 언론계 현장에서 쫓겨난 해직언론인들의 정직한 양심과 도덕성이 더해졌다. 여기에다 기존 언론을 제도언론으로 규정하고

<한겨레신문>은 민주·민중·민족 언론이란 대안언론을 표방했다. 이러한 공격적 광고 소구 포인트는 민주화를 염원하는 민중들의 마음을 부여잡기에 충분했다.

<DNA>와 <한겨레신문>의 성공적인 창간은 철저한 사전시장조사와 공격적인 마케팅 전략, 기존 언론에 대한 터닝 포인트(*Turning Point*) 만들기가 얼마나 중요한지를 역설한다. 특히 기존 언론이 독점적·배타적으로 공고히 장악한 시장을 뚫고 성공적인 시장진입을 위해서 절대 간과해서는 안될 점이 있다.

바로 기존 언론과의 싸움걸기이다. 싸우기 위해서는 상대보다 더 힘이 세야 하며, 더 지략적이어야 하고, 지혜가 더 많아야 한다. 새 신문은 모든 면에서 불리하다. 오로지 국민적 성원이라는 독자의 힘을 빌지 않으면 결코 이길 수 없는 구조다. 새 신문이 싸움에서 이기기 위해선 어떠한 경우에도 신문의 기본기, 즉 신문의 질적 내용이 기존 언론에 뒤지지 않아야 한다. 이를 결여하면 그 모든 노력이 공수표로 돌아간다.

새 신문은 언론자유란 국민의 알권리를 위해 치열하게 투쟁할 때 비로소 창간 명분을 확보할 수 있으며, 그 도덕성을 바탕으로 시장진입을 도모하여야 한다. 곧 새 신문 창간전략을 세밀히 수립하는 것이다. 전략이란 무작정 전쟁터에 나가는 것이 아니다. 이미 사전에 충분히 분석하고 대비한 후 승리를 확인하러 전장에 나가는 것이 전략이다. 예컨대 이순신 장군이 명량해전에서 불과 12척의 전함으로 왜적 133척을 맞아 아군 피해는 사망 2명, 부상 3명에 불과한 반면, 일본 수군은 12,000여 명 사상에 전선 31척 격침과 92척을 대파한 것이 바로 전략이다.

치밀한 사업계획에 의해 비롯되는 전략은 성공적인 신문창간의 핵심적 요소이다. 흔히 CEO는 전술과 전략을 혼동한다. 전술이란 적절한 계획을 바탕으로 전투에 임하는 것이며, 전략이란 시뮬레이션·경영예측 등으로 시장상황을 점검한 후 승리가 확실할 때 경기에 나서는 것이다. 따라서 전략가란 곧 CEO의 경영능력을 일컫는다.

CEO의 전략이 신통찮으면 시장실패는 의심의 여지가 없다. 기업의 모든 조직과 자원은 CEO가 가르키는 손가락 방향에 동원되고 움직인다. 더구나 언론기업은 사회적 공익성을 동시에 내포하고서 말이다. 장삼이사 아무나 함부로 언론사 CEO가 되겠다고 나서서는 안된다는 대목이다. 공익성에 토대를 둔 언론철학과 과학적 경영마인드를 지닌 21세기의 전략가만이 신문기업 CEO 자격이 있다. 이런 CEO가 신문창간을 진두지휘해야 시장에서 존재의 가치를 인정받는 '바른 신문'을 기대할 수 있다. 신문창간에서 가장 중요한 요소는 바로 이점이다.

📀 창간 자본

●블루오션 신문 /　●경영환경 여건 /　●시민언론 창간

보수적이고 수구적인 언론제도로 자주적이며 민주적인 언론을 구현한다는 것은 구조적으로 불가능하다. 제도언론과 사이비언론, 쓰레기언론이 언론권력을 장악하는 한 우리 사회의 민주화는 요원하다. 이를 타파하기 위해서는 자주적으로 독립된 민주·민족·민중언론은 필연적이다. 새 신문의 창간, 곧 시민언론이 그것이다. 시민언론은 소유와 경영의 분리, 경영으로부터의 편

집의 독립을 실천하는 매체다. 따라서 시민언론은 편집권 독립이라는 실천적 과제를 통해 사주언론으로 존재하고 있는 지방언론의 개혁을 구현한다.

필자는 지난 1998년부터 시민언론을 주창해 왔다. 당시 월간 <인물과 사상> 등을 통해 IMF시대의 새로운 매체상으로 사람이 주인 된 새 신문의 건설을 역설해 왔다. 바로 시민에 의한, 시민을 위한, 시민의 신문이 그것이었다. 이에 대해 언론인들은 하나같이 '말이 되냐'며 코웃음 쳤다. 2000년 <오마이뉴스>에 의해 '시민기자제'가 정착되었다. 한국 언론은 물론 전 세계가 경악하며 극찬했다.

시민기자제는 시민언론에서의 한 부분에 불과하다. 비록 온라인에서라 할지라도 시민기자제의 성공적인 시장 연착륙을 보고, 필자는 시민언론에 대해 더욱 굳건한 확신을 지닐 수 있었다. 시민언론은 언론산업이 구조적으로 사양산업화를 치닫고, 시장퇴출 위기로 내몰리는 현실에서 가장 적절한 실질적 대안이다.

신문창간을 제안하면 "이 불황에 어느 미친놈이 신문하느냐"라는 말을 가장 많이 듣는다. 신문을 창간하려면 현실적으로 소정의 자본이 반드시 필요하다. 어떤 자본을 어떻게 조달해 신문을 창간할 것인가 하는 것이 대두된다. 특히 시도민주 신문을 표방하는 시민언론에서 이 문제는 무엇보다 본질적이고 중요한 딜레마다. 시민언론의 창간자본을 현실화하기 위해서는 지역경제에 대한 선행 연구가 반드시 전제되어야 한다.

시민언론의 자본구성은 지역경제계가 주된 역할을 담당해야 한다. 그런데 지역경제가 '불황의 골'이 아니라 '몰락의 늪'에 빠져들고 있다. 대구의 주종산업인 섬유산업의 경우 지난 95년에는 55억 1,000만 달러의 수출을 기록했으나, 97년엔 44억 3,000만 달러, 2000년에는 29억 8,000만 달러, 지난 2003년에는 24억 7,000만 달러로 55%나 감소했다. 지난 10년 사이에 '반 토막'이 됐다.

지역경제가 이처럼 백척간두에 서 있는데 과연 수십 억 원이 소요되는 시민언론의 창간자금을 모을 수 있을까 하며 오프라인 독자들은 하나같이 우려를 나타냈다. 신문산업을 둘러싼 경영환경 역시 그다지 밝지 못해 막대한 자본이 요구되는 장치산업에 투자자를 확보할 수 있을까 하는 것이다. 이는 시민언론과 신문경영에 대해 제대로 이해를 하지 못한 데서 나온 기우이다.

시민언론의 창간은 몰락한 지역경제와 TK를 바로 세우기 위한 첫 걸음이자 지름길이다. 몰지각한 제도언론과 단세포적인 TK사회의 오피니언 리더들은 지역경제의 몰락을 '중앙의 지원 부족'과 '사양산업' 탓으로 돌린다. 이들은 지역경제를 대표하는 섬유산업과 안경산업이 낙후산업이므로, '첨단산업'으로의 구조조정이 시급하다고 역설한다. 얼핏 들으면 매우 그럴 듯하다. 이들의 첨단산업 타령은 곧 대구지역의 산업을 포기하겠다는 공식선언과 다름없는 정치적 언사다. 첨단산업은 어느 날 갑자기 하늘에서 뚝 떨어지는 게 아니다. 기존 산업을 어떻게 인식하느냐에 따라 첨단도 되고, 사양도 된다.

이들의 '논리'에 따르면 이태리와 일본의 섬유는 도태됐어도 벌써 수십 년 전에 퇴출됐어야 한다. 그러나 이태리와 일본의 섬유산업은 아직도 그 나라의 4대 산업 가운데 하나로 펄펄 살아 있다. 인간이 존재하는 한 옷을 입지 않고 살 수는 없다. 섬유산업은 의식주(衣食住)라 하여 인간의 원천적인 삶과 연계된 산업이다. 이들 나라는 섬유산업에 대한 패러다임이 이러했기에 첨단산업화·고부가가치화할 수 있었다.

TK의 섬유산업은 어떠했는가. 섬유산업을 인간을 위한 의식주 산업으로 여기지 않고 수익창출산업으로만 여겼다. 여공들의 저임금을 착취하는 것을 섬유경영의 전부인 양 인식했다. 이제 그것이 여의치 않자 저임금을 찾아 중국으로, 동남아로, 서남아로 서슴없이 떠났다. 이처럼 악랄한 구조조정을 해 놓고는 "원사 값이 폭등하여 장사가 안된다"니, "원고(高) 때문에 파산 일보 직전"이라니, "정부의 지원이 미미하여 경쟁력을 잃고 있다"느니…… 등등 해괴한 변명거리만 찾는다.

어디 그뿐인가. 어느 기업이 막대한 돈을 투자해 경쟁력 있는 제품을 개발했다면, 바로 다음 날 '해적판 기술'을 동원해 짜깁기한 '복사품'을 우르르 쏟아낸다. '카피'도 모자라 '덤핑'마저 자행, "너도 망하고 나도 망하자"는 것이 TK 섬유경영의 현주소였다. 이따위 섬유산업이 잘된다면 그게 오히려 이상하다. 망하는 것이 정상이다.

섬유가 떠난 자리에 부동산업이 몰려온다. 지역의 재계가 제조업을 정리하고, 부동산업으로 재편되면서 경제기반을 뿌리 채 흔들 위험으로 빠져들고 있다. 부동산에 투자하면 단기적으로는 나와 내 가족이 잘 먹고 잘사는 기반을 닦을 수 있다. 장기적으론 그것이 땅값, 집값을 올려 물가고를 부추기고, 이는 다시 인플레를 초래해 화폐의 가치를 하락시키는 등, 결국은 '너와 나 우리 모두 함께 망하자는' 것임을 알아야 한다.

지역경제의 바로 서기는 기업인들의 사명의식 제고와 청부의식(淸富意識) 확산, 바른 마음 갖기 등 황금만능에 대한 자기개혁의 자각에서부터 비롯되어야 한다. 기업인으로서의 자긍심과 함께 기업설립의 이상을 실현한다는 각오 또한 간과할 수 없다. 그렇지 않고서는 몰락하는 TK경제를 일으켜 세울 묘안이 없다.

"金榮在의 地方新聞 改革論"은 지역경제에 대한 파괴적 구조조정 담론이 패러다임으로 군림하는 현 상황에서 지역경제계에, 지역언론계에 던지는 필자의 창조적 화두이다. 늘 깨어 있는 시민언론을 통해 TK의 정치·경제·사회·문화를 있는 그대로 비출 거울이 절실한 시점이다. 자신이 처한 현실을 정확하고 냉혹하게 깨닫지 못하면 미래에 대한 바른 비전을 지닐 수 없다.

<☺ 2004. 11. 17. / 2006. 7. 28. 고침. / 2009. 9. 8. 더함.>

『시민언론 창간론』 자료

알림:『시민언론 창간론』출판할 분을 찾습니다

大邱新聞硏究院은 『시민언론 창간론; 언론의 미래와 전략』을 출판할 역량 있는 출판인을 찾고 있습니다. 이 책은 대구지역 재야언론인 저자가 심혈을 기울인 역작으로 언론의 패러다임을 아날로그 언론에서 디지털 언론으로의 전환을 제시하는 메시지를 담고 있습니다.

신문산업이 백척간두의 위기에 처했다고 합니다. 바야흐로 시장퇴출이라는 벼랑으로까지 내몰리는 실정입니다. 성급한 사람들은 신문의 시장퇴출을 기정사실화합니다. 아무리 신문산업이 위기라 할지라도 인간이 존재하는 한 신문이 사라지지는 않습니다. 시대적 변화에 능동적으로 유연하게 적응하는 매체는 살아날 것이며, 그렇지 못하면 도태가 불가피할 것입니다. 옛날 독재정권시대엔 신문이 권력의 주구·시녀·마름머슴 노릇을 한 대가로 시장에서 굳건할 수 있었지만, 21세기에는 그와 같은 언론환경을 복원하기란 불가능합니다. 결국 미디어는 미디어가 지닌 고유한 가치를 시장평가를 통해 존재할 수밖에 없습니다.

이 책은 여기에 명쾌한 해답을 제시합니다. 시민언론은 21세기형 미디어입니다. 미리 보는 디지털 시대의 저널리즘상으로서 위기에 처한 언론산업을 구원할 유일한 대안입니다.

저자의 인생관을 담은 심혈의 역작

이 책은 먼저 현업 언론사주나 경영진, CEO에게는 경영합리화를 달성할 신문경영론의 부교재로서 언론산업의 실무도서로 기능합니다. 특히 예비 신문창업주에게는 민주언론의 창출과 신문경영의 합리화·과학화를 안내합니다. 언론인들에게는 시민언론이라는 새 패러다임의 언론을 제시해 신문이 나아갈 방향을 일러주고, 한계에 부딪힌 언론사의 구조적 불황을 제도적으로 타개할 메시지를 전합니다.

언론을 배우는 언론학도나 언론계에 진출할 예비언론인, 언론을 전문적으로 연구하는 언론학자들에겐 시민언론이라는 21세기형 맞춤신문의 패러다임에 대한 연구의 기초자료를 제시하고, 신문창간이라는 언론실무를 소개함으로써 연구의 지평을 넓히는 데 기여합니다. 또한 일반인들에게는 언론에 대한 교양을 제고하고, 시민언론에 대한 이해를 통해 언론개혁의 실질적 대안을 제시하는 교양서로 기능합니다.

둘째, 이 책은 한국언론은 물론 나아가 세계 최초로 온라인에 기반을 둔 오프라인 신문 창간의 모델을 제시하는 독창성과 창의성을 지녔습니다. 이는 한국언론과 언론학의 영역을 확대한다는 측면에서도 매우 귀중하게 취급되어야 합니다. 더구나 구조적인 불황에 처해 있는 신문업계에 나아갈 방향을 제시한다는 점에서도 소홀히 할 수 없는 가치입니다.

셋째, 블루오션에 대한 모험정신을 지닌 출판인만이 출판시장에서 성공할 수 있습니다. 이 책의 가치와 의미를 제대로 평가하시길 희망합니다. 이 책은 어느 날 갑자기 졸속으로 저술된 것이 아닙니다. 저자는 1989년부터 민중에 기반을 둔 새 신문의 창간을 준비하고 연구해 왔습니다. 그 축적된 노하우가 고스란히 담겨 있습니다. 이 책은 저자의 언론관과 세계관이 농축된 '언론개혁 지침서'이자 '언론경영 교과서'입니다.

넷째, 학문적 사대주의 근성에서 헤어나지 못하는 출판계와 지식산업계에 대해 한마디 하지 않을 수 없습니다. 이 땅에서는 아직도 어쭙잖은 외서가

'양서'를 위장하고 단행본 시장에서 큰 물줄기를 형성합니다. 외서 단행본의 경우, 그 내용은 주로 미국과 유럽 등 서방선진국의 것입니다. 문제는 그 위대한 메시지가 한국의 실정과는 전혀 맞질 않아 독자들로 하여금 독서를 할 의욕을 잃게 한다는 것입니다.

독자를 지식시장으로부터 내쫓는 이러한 행위가 버젓이 출판시장의 주된 패러다임으로 행세합니다. 이 땅의 실정과 토양에 맞는 나의 얘기, 우리 이웃의 말은 천시하거나 외면하고, 서양 선진국의 지식이라 하여 허황하기 그지없는, 동떨어진 소리만 늘어놓고 있으니, 그 메시지가 재미있을 리 만무합니다. 이는 어렵게 책을 산 독자로 하여금 책에 대한 배신감과 실망감만 안겨줄 뿐입니다. 그리하여 마침내 책을 멀리하는 선입관을 고착화시킵니다. 출판시장이 '늘 단군 이래 최대의 불황'인 것은 당연한 귀결입니다.

무릇 양식 있는 출판인들은 이름을 좇아 허황한 외서를 번역해 소개하는 일에 골몰할 것이 아니라, 역량 있는 국내 필자를 발굴하고 소개하는 데 온 힘을 모아야 할 것입니다. 그들이 아무리 고매한 언설을 쏟아낸다 할지라도 그것은 결국 그들의 토양에 맞는 말로서, 한국에 거름이 되어 한 알의 밀알이 되기에는 어림도 없는 것이 대부분입니다. 졸렬하기 짝이 없는 외서에 저작권 로열티를 주고, 여기에다 호화장정으로 포장하여 독자를 기만하면서, 돈으로 서점의 서기를 점령하는 것을 보면 '밴댕이 출판인'들의 한심스런 한계를 보는 것 같아 마음이 아픕니다.

지식 사대주의 극복이 출판의 관건

출판인들이 '지식 사대주의'를 극복하지 못하는 한 한국의 출판시장 확대와 학문발전은 없다 해도 과언이 아닐 것입니다. 저자는 서구 선진국의 어설픈 학문을 신줏단지처럼 모시는 지식 사대주의의 노예가 된 출판인보다는 '학문 독립'에 대한 신념과 패기가 있는 출판인을 통해 이 책을 출판하고자 합니다.

이런 마음가짐 없이 출판하겠다하지 마십시오. 사이비 출판은 거절합니다. 참 출판인의 손을 통해 독자에게 전하고자 합니다. 『시민언론 창간론; 언론의 미래와 전략』의 출판에 뜻이 있는 출판인들의 많은 호응을 기대합니다.

<☺ 2006. 10. 20.>

☞ 출판사 보도자료

1. 서지 정보

▷ 서명: 『시민언론 창간론; 언론의 미래와 전략』

▷ 저자: 김영재(재야언론인·대구신문연구원 대표)

▷ 발행처: 한국학술정보(주)

▷ 서지: 신국판, **630**쪽, 양장본, 컬러판, 값 **37,000**원.

2. 보도자료

오늘날 신문산업은 한국뿐만 아니라 전세계적으로도 '사양산업'으로 회자된다. 인터넷 등 대안미디어의 발달로 독자들의 신문이탈이 가속화되고 있다. 광고주 또한 신문으로부터 하나둘 떠나면서 신문산업은 뿌리부터 서서히 붕괴될 조짐을 보인다.

그런데도 새 신문의 창간이 끊이질 않는다. 특히 지방에서는 더욱 그러하다. 그것은 신문을 신문으로만 여기지 않고 유력한 사회적 권력제도라고 인식하기 때문이다.

신문창업주들의 이러한 신문관으로 신문은 하나같이 '일란성 쌍둥이'꼴을 하며, 심지어 언론인들조차 신문은 권력이라는 언론관에서 벗어나지 못해 시장질서가 원천적으로 부정되고, 과열·과당경쟁으로 왜곡되어 언론자유가 심각하게 훼손되는 실정이다.

저자는 신문산업의 미래를 결코 부정적으로 보지 않는다. 21세기 저널리즘 시장에서 신문은 여전히 종합 지식정보산업으로서의 위상이 굳건하리라는 것이다. 단, 여기엔 신문의 패러다임이 변해야 한다는 전제 조건이 있다. 그것은 바로 독자에 바탕을 둔 쌍방향 미디어 제도이다.

저자는 이를 일러 '시민언론'이라 하고, 지방지로서의 시민언론 창간을 통해 언론산업의 미래와 발전전략을 제시한다. 시민언론은 기존 언론처럼 획일적인 언론이 아니라 다양한 개성이 넘치는 창조적인 언론이다. 레드오션이 아니라 블루오션을 지향하는 신개념의 녹색언론·환경언론이다. 저자는 기존 언론을 혁신하건, 새 신문을 창간하건 '명실상부하게 독자에 바탕을 둔 시민언론'으로 탈바꿈 없이는 신문의 미래가 없다고 강조한다.

△웹2.0 시대의 미디어2.0 언론상을 제안 △'사람의 향기'가 나는 휴먼 저널리즘 구현 △21세기형 '디지로그 신문'의 창조와 건설 △세계 최초의 창의적인 오프라인 시민언론 창간 △언론산업의 위기극복 대안을 현실적으로 제시라는 주제 아래 신문산업의 현실을 비판적으로 분석하여 그 대안을 강구하는 이 책은 본론 『시민언론 창간론; 언론의 미래와 전략』과 부록 『신문창간론 연구』로 구성되었다.

본론에서는 시민언론의 개념에서부터 시민언론 전개의 실험적 토대로서의 지방신문을 살펴본다. 또한 언론정책과 제도적인 측면에서의 언론개혁을 천착해 보고, 사람경영의 문제와 실제적인 시민언론 경영론을 조감해 본다. 부록은 한국언론사상 최초로 신문창간 실무에 대해 체계적·과학적으로 궁구함으로써 합리적인 신문경영을 도출할 수 있도록 했다.

이 책은 복잡하고 난해한 언론이론과 실제를 곁에서 조곤조곤 얘기해 주듯이 알아듣기 쉬운 우리말로 친절히 알려준다. 마치 '소설'을 읽듯이 누구나 부담없이 줄줄 읽는 사이에 언론개혁과 민주언론건설 현장으로 안내하는 이 책은 가장 대중적이면서도 전문적인 언론학 교과서라 할 수 있다.

저자는 대구지역에서 지역언론개혁과 민주언론건설 운동을 하는 재야언론인으로서 대구신문연구원 대표를 맡고 있으며, 펴낸 책으로는 『불교언론의 이해』, 『대구경북언론사』, 『웹2.0과 미디어2.0』 외 다수가 있다.

3. 저술목적 및 집필동기

이명박 정부의 미디어법 개정으로 신문과 방송의 겸영조치가 해제됐다. 조만간 민영 미디어랩 도입도 사실상 카운트다운에 돌입했다. 한국언론은 이제까지 겪어 보지 못한 전혀 새로운 언론시장 환경의 도래를 맞았다. 그로 인해 극단적인 시장지배의 심화와 고착화가 불가피할 전망이다.

이명박 정부의 정책 패러다임은 독점자본의 투자확대를 통한 성장으로 요약할 수 있다. 즉 독점자본에 보다 많은 특혜와 혜택을 안겨 줌으로써 시장에서의 투자를 촉진하고 활성화시켜 경제의 성장을 도모한다는 것이다. 언론정책의 기조도 여기서 예외가 아니다. 한마디로 여론시장을 자본강자, 즉 메이저언론 중심으로 재편하겠다는 발상이다.

이는 매우 위험하기 그지없는 정책이다. 민주주의 제도에서 여론시장은 다양화가 그 본질이다. 이명박 정부는 독점언론자본을 중심으로 시장지배 질서를 재편, 강화하여 소위 '부익부 빈익빈' 구조의 고착화를 정책적으로 펴겠다는 것이다. 이는 민주주의를 정면으로 거부하고 도전하는 것과 다를 바 없다.

한국의 언론시장에서 조만간 '머독'과 '베를루스코니'의 '공룡미디어'가 출현할 여건은 충분히 조성됐다. 공룡미디어의 등장은 마이너신문의 도태와 지방언론의 초토화를 의미한다. 마이너신문과 지방언론의 붕괴는 먹잇감 부족으로 멸종했던 공룡미디어의 앞날을 상징한다.

공룡미디어가 지배하는 여론시장은 긍정적이라기보다는 부정적이다. 국민의 알권리와 언론자유가 심각하게 훼손되고 부정될 현실을 우려하지 않을 수 없다. 공룡미디어는 자신의 생존을 위해 기득권과의 유착 강화는 선택의 여지가 없다. 우리는 루퍼트 머독과 실비오 베를루스코니의 공룡미디어에게서 그 실존을 체득하고 경험할 수 있었다.

이 책은 마이너신문과 지방언론에 대해 이명박 정부가 주도하는 공룡미디어의 여론독과점이라는 '언론 쓰나미'가 몰아치기 전에 '시민언론'이란 새로운 언론제도를 통한 시장생존전략을 친절히 알려준다. 『주역』에는 궁하면 변하라. 변하면 통한다. 통하면 오래간다(『周易』, 繫辭傳 下; 窮則變 變則通 通則久)고 했다.

마이너신문과 지방언론이 가만히 있으면 죽음의 그림자를 피할 수 없다. 살고자 하면 변해야 한다. 그러면 구체적으로 어떻게 변할 것인가에 대해 근본적으로 변할 길과 방법을 알려 주기 위해 저술되었다.

4. 이 책의 특징 및 성격

이 책은 온라인 저널리즘에서의 시민언론을 오프라인 매체에 구현하자는 내용을 담고 있는 설득커뮤니케이션 도서이다. 저널리즘의 패러다임을 혁명적으로 변환시키는 실험언론의 지침서이다. 시민언론의 개념정립부터 시작해, 왜 시민언론이 필요한지, 사회개혁에 어떻게 기여하는지, 어떻게 구현할지 등을 살펴보는 신문창간 실무서이자 시민언론 교양서이다. 언론학 이론과 언론산업 현장의 실무를 잇는 살아 있는 저널리즘 부교재이다.

이 책은 한국 언론계와 언론학계는 물론 전세계에 던지는 저자의 창조적인 화두이다. 저자는 제도권의 '이론언론학'을 추구하지 않는다. 언론의 현업 실무에 곧바로 적용할 '언론실학'을 추구한다. 이 책은 단순한 '책상머리 언론학'이 아니라, 20여 년 전부터 구상하고 궁구해 왔던 '현장언론학'의 정수이다. 이 책이 출간되고, 이 책에서 주창하는 '시민언론'이 창간된다면, 그것은 한국언론은 물론 전세계적으로도 주목받는 새로운 미디어의 탄생을 예고한다는 점에서 매우 중요한 의미를 지닌다.

따라서 이 책은 우리 사회의 여론을 창출하고 유통시키는 언론인들을 위한 자기계발서이자 언론CEO의 경영지침서라 하겠다. 언론에 진출하고자 하는 예비언론인들의 학습부교재이자 언론을 배우려는 이들의 학습참고서이다. 언론에 관심 있는 일반인들을 위한 언론교양서이며, 언론학 이론을 언론현장실무에 접목시킨 언론교과서이다. 뿐만 아니라 지금까지 한글로 출판된 언론서

적 가운데 가장 쉽고 열정적인 문장으로 언론산업의 현실과 미래를 세세히
담은 품격 높은 도서이다.

5. 첨부

  ▷ 『시민언론 창간론; 언론산업의 미래와 전략』 머리말

  ▷ 차례

6. 관련 사이트

  ▷ "大邱新聞硏究院 커뮤니케이션&저널리즘 블로그
  (blog.naver.com/tgpress)" 참조

<☺ 2009. 9. 15.>

🖌 월간 《신문과방송》

〈사진 12〉 월간 《신문과방송》 서평기사

시민언론 창간론: 언론의 미래와 전략
김영재 지음 | 이담북스 | 37,000원

재야언론인(대구신문연구원 대표)인 저자가 지방신문의 새로운 전략을 제시한다. 저자는 독자에 기반을 둔 '시민언론'을 지향해야 신문의 미래가 있다고 주장한다. 이 책은 온라인 저널리즘에서의 시민언론을 오프라인 매체에 구현하자는 내용을 담고 있다. 저자가 주장하는 시민언론의 개념 정립부터 시작해, 왜 시민언론이 필요한지, 어떻게 구현할지 등을 살펴보고 있다. 시민언론 창간경영론에서는 창간 자본의 조달부터, 지면 편집, 광고운영 전략 등을 싣고 있다.

재야언론인(대구신문연구원 대표)인 저자가 지방신문의 새로운 전략을 제시한다. 저자는 독자에 기반을 둔 '시민언론'을 지향해야 신문의 미래가 있다고 주장한다. 이 책은 온라인 저널리즘에서의 시민언론을 오프라인 매체에 구현하자는 내용을 담고 있다. 저자가 주장하는 시민언론 개념 정립부터 시작해, 왜 시민언론이 필요한지, 어떻게 구현할지 등을 살펴보고 있다. 시민언론 창간경영론에서는 창간 자본의 조달부터, 지면 편집, 광고운영 전략 등을 싣고 있다.

월간 《신문과방송》, 한국언론재단, 2009년 12월호, 서평.

👉 격주간 〈미래문화신문〉

언론산업 대안 제시한 실무 교과서
— 김영재의 〈시민언론 창간론; 언론의 미래와 전략〉을 읽고 —

〈사진 13〉 〈미래문화신문〉 서평기사

書評

언론산업 대안 제시한 실무교과서

김영재의 〈시민언론 창간론〉을 읽고

金世喆 계명대학교 교수·도서관장

우리나라 시민사회의 가장 큰 특징은 담론은 풍성하나 그 실질적 대안은 빈약하다는 사실이다. 개혁에 대한 논의는 백화제방이지만 막상 대안에 이르러서는 속수무책일 경우가 다반사다. 〈시민언론 창간론; 언론의 미래와 전략〉은 그 부제가 말하듯 개혁을 '말의 성찬'에만 그치지 않고, 실질적으로 신문 산업의 미래와 전략을 제시한다.

신문 산업은 막대한 자본이 소요되는 장치산업이다. 그러나 지역지는 상대적으로도 작은 자본으로 가능해 신문창간이 활발하다. 그런데 지역신문은 제호만 다를 뿐 하나같이 천편일률 획일적이다. 시장의 과열과 난립에 따른 생존경쟁을 피할 수 없는 구조다. 이종미디어?뉴미디어의 도전 또한 간과할 수 없을 만큼 만만찮다. 한마디로 사면초가다.

이 책은 신문이 21세기의 미디어로 나아갈 방향을 제시한다. 독자와의 쌍방향 커뮤니케이션에 기반 하지 않고선 신문의 설자리가 없다는 것이다. 저자는 이를 "시민언론"이라 하고, 언론 산업의 미래와 발전전략을 찾을 단초라고 강조한다.

이 책은 저자의 자기소개서이자 회고록이라 할 만큼 신문 산업에 대한 따뜻한 애정을 볼 수 있다. 저자는 "신문=사양"이라는 이데올로기를 신문에 대해 애정이 없는 사람들이 퍼붓는 말장난이라고 비판한다. 신문이 시장에서 독자의 호응을 받지 못하는 것은 신문인들이 독자의 욕구를 충족시켜주지 못해서 빚어진 결과이지, 신문 산업 그 자체의 문제는 아니라는 것이다. 신문을 어떻게 만드느냐에 따라 여전히 21세기 저널리즘의 최강자라는 것이 저자의 소신이다.

저자는 일반인들도 이 책을 많이 읽을 것을 권한다. 저자는 머리말에서 "명창은 소리를 들을 줄 아는 청자가 전제 된다"고 말하고, 독자가 시민언론에 대한 이해의 폭을 넓힐 때 신문이 바로 서며, 비로소 언론개혁이 가능할 것이라고 역설한다.

이 책의 주된 포커스는 신문창간에 관한 얘기다. 그러나 시각의 폭을 신문창간에만 머물지 않고 신문경영, 지역언론, 신문산업, 신문실무 현장은 물론 문?사?철, 경영학, 사회학 등에 이르기까지 폭넓은 화제를 자유롭게 넘나든다. 이 책은 한국 언론사 분야에서 가장 쉬우면서도 수준 높은 언론실무 교과서라 하겠다.

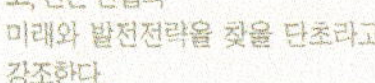

우리나라 시민사회의 가장 큰 특징은 담론은 풍성하나 그 실질적 대안은 빈약하다는 사실이다. 개혁에 대한 논의는 백화제방이지만 막상 대안에 이르러서는 속수무책일 경우가 다반사다. 『시민언론 창간론; 언론의 미래와 전략』은 그 부제가 말하듯 개혁을 '말의 성찬'에만 그치지 않고 실질적으로 신문산업의 미래와 전략을 제시한다.

신문산업은 막대한 자본이 소요되는 장치산업이다. 그러나 지방지는 상대적으로도 작은 자본으로 가능해 신문창간이 활발하다. 그런데 지방신문은 제호만 다를 뿐 하나같이 천편일률 획일적이다. 시장의 과열과 난립에 따른 생존경쟁을 피할 수 없는 구조다. 이종미디어·뉴미디어의 도전 또한 간과할 수 없을 만큼 만만찮다. 한마디로 사면초가다.

이 책은 신문이 21세기의 미디어로 나아갈 방향을 제시한다. 독자와의 쌍방향 커뮤니케이션에 기반을 두지 않고서는 신문의 설 자리가 없다는 것이다. 저자는 이를 '시민언론'이라 하고, 언론산업의 미래와 발전전략을 찾을 단초라고 강조한다.

이 책은 저자의 자기소개서이자 회고록이라 할 만큼 신문산업에 대한 따뜻한 애정을 볼 수 있다. 저자는 '신문＝사양'이라는 이데올로기를 신문에 대해 애정이 없는 사람들이 퍼붓는 빈정거림이라고 비판한다. 신문이 시장에서 독자의 호응을 받지 못하는 것은 신문인들이 독자의 욕구를 충족시켜 주지 못해서 빚어진 결과이지, 신문산업 그 자체의 문제는 아니라는 것이다. 신문을 어떻게 만드느냐에 따라 여전히 21세기 저널리즘의 최강자라는 것이 저자의 소신이다.

저자는 일반인들도 이 책을 많이 읽을 것을 권한다. 저자는 "명창은 소리를 들을 줄 아는 청자가 전제된다"고 말하고, 독자가 시민언론에 대한 이해의 폭을 넓힐 때 신문이 바로 서며, 비로소 언론개혁이 가능할 것이라고 역설한다.

이 책의 주된 포커스는 신문창간에 관한 얘기다. 그러나 시각의 폭을 신문창간에만 머물지 않고 신문경영, 지역언론, 신문산업, 신문실무 현장은 물론 문·사·철, 경영학, 사회학 등에 이르기까지 폭넓은 학제를 자유롭게 넘나든다. 이 책은 한국 저널리즘에서 가장 쉬우면서도 수준 높은 언론실무 교과서라 하겠다.

김세철(金世喆) 계명대학교 신문방송학과 교수·동산도서관장

<미래문화신문>, 제16호, 2009년 11월 30일자, 5면.

※ 삼성언론재단 뉴스

〈사진 14〉 삼성언론재단 홈페이지 기사

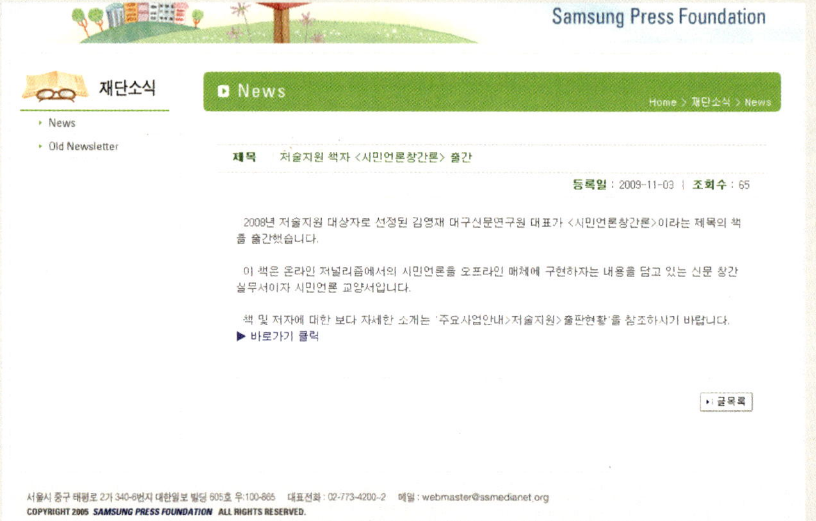

2008년 저술지원 대상자로 선정된 김영재 대구신문연구원 대표가 『시민언론 창간론』이라는 제목의 책을 출간했습니다.

이 책은 온라인 저널리즘에서의 시민언론을 오프라인 매체에 구현하자는 내용을 담고 있습니다. 시민언론의 개념정립부터 왜 시민언론이 필요한지, 사회개혁에 어떻게 기여하는지, 어떻게 구현할지 등을 살펴보는 신문창간 실무서이자 시민언론 교양서입니다.

<☺ 2009. 11. 3.>

* 닫는 글: 새 시대의 새 신문상

신문산업이 위기 혹은 사양산업임에도 시장에서는 여전히 활발하다. 지역언론과 지방문화의 발전을 가치로 내걸고 의욕적으로 창간한 새 신문은 하나같이 부실화를 면치 못한다. 그런데도 신문은 꾸준히 창간된다. 정상적인 사고로는 아무리 이해하려 해도 이해할 수 없는 불가사의하다. 이 희한한 현상은 한국적인 언론시장에서만 가능한 희대의 자본주의가 빚은 모순이다.

조금 심하게 말하면 우선 새 신문에는 신문인이 없다. 신문을 빙자한 언론모리배가 대부분이다. 물론 전적으로 다 그렇다는 것은 논리비약이며 어불성설이다. 개중에는 극히 소수라 할지라도 신문에 대하여 순수한 양심은 지녔으나 시대를 보는 눈이 무지하여 본의 아니게 유령언론·쓰레기언론을 만드는 경우도 있다. 이는 극히 일부분일 뿐, 대개는 신문을 매개로 이권을 노리는 '하이에나'가 더 많은 것이 현실이다. 이들의 신문 목표는 오로지 기존 언론과 '닮은 꼴'을 하는 데 있다. 그래야만 신문 같고, 또 신문으로 대우받는다고 여긴다.

그래선 새 신문의 창간 의미가 전혀 없다. 새 신문의 가치는 문자 그대로 '새로운 신문'이어야 한다. 새로운 신문이 새로운 목소리를 낼 때 비로소 여론의 다양성을 확보할 수 있을 뿐만 아니라 새 신문으로서의 시장을 확보할 수 있다. 물론 새 신문의 목소리가 정당성을 잃고, 시대에 반한다면 당연히 독자의 배척으로 시장퇴출은 불가피할 것이다. "金榮在의 地方新聞 改革論"을 마무리하면서 이번 장에서는 신문창간의 성공조건으로 새 신문이 지향해야 할 시대적 패러다임과 시대가 요구하는 '신문상'을 일괄해 보기로 한다.

독자와 담 쌓은 채 새 신문창간

막대한 자본을 투자해야 하는 새 신문이 시장의 호응에 부응하기 위해선 시대가 요구하는 매체이어야 한다. 시대와 동떨어진 매체가 시장에서 독자와 함께한다는 것은 지극히 비상식적인 현상이다. 하지만 대부분의 신문 창간자는 가장 기초적인 이 상식을 무시한다. 새 신문이 출발에서부터 독자와 담을 쌓은 채 시장에 나오는 셈이다. 그리하여 독자는 없고, 광고주만 존재하는 신문으로 고착화된다. "새 신문＝유령언론"이라는 공식은 십중팔구 정확한 진단이다. 그 원인은 바로 새 신문의 씨앗이, 나아갈 목표와 방향이 시대의 흐름을 외면한 데 있다.

가령 6·29 이후 언론민주화 시대엔 기존의 제도언론을 극복하는 대안언론이 시대적 소명이었다. 당시 제도언론은 군사독재정권에 빌붙어 민중을 직접적으로 탄압하고 억압하는 도구였다. 87년 6월민주대항쟁 이후 사회민주화에 무임승차한 제도언론은 언론노동조합 활동 등을 통해 재빨리 변신, 악명 높았던 언론범죄자의 신분 세탁에 성공했다.

이때 창간한 새 신문은 마땅히 제도언론의 기회주의적인 이와 같은 속성을 비판하고, 반언론적인 음모에 대안을 제시해야 했으나 제대로 대응하지 못했다. 오히려 언론 패러다임과 헤게모니를 기존 언론에 자진하여 헌납하고 의존함으로써 또 하나의 신문으로 전락했다. 새 신문이 기존 언론과 제호만 다를 뿐 그 내용에 있어서는 한 치도 틀리지 않게 되자 하나의 매체가 독점하던 시장에 밥숟가락만 늘어난 것 외에는 달리 의미가 없었다. 자연히 밥그릇 싸움이 격화되고, 민중들이 새 신문에 걸었던 기대가 무너지고, 경쟁력에서 뒤진 새 신문은 오히려 기존 언론의 지배 틀을 공고히 하는 밑거름이 되었다.

새 신문의 시장 포지셔닝 실패는 전적으로 언론인들 탓이었다. 즉 기존의 제도언론 출신 언론인들이 새 신문의 중추를 장악한 결과 새 신문의 이데올로기는 기존 언론이 지향했던 한계를 벗어날 수 없었다. 이 당시 창간했던 <한겨레신문>이 그나마 제도언론의 틀을 탈바꿈할 수 있었던 것은 제도언론을 경험하지 않았던 재야 지식인들을 언론에 동참시켰기 때문이었다. 그러나 <한겨레신문>마저 언론 헤게모니를 제도언론 출신들이 장악함으로써 결국엔 기존 언론과 대동소이한 매체로 전락했다.

기존 언론 흉내 급급 부실 가속화

우리 사회는 IMF 이전과 이후를 구분해야 할 만큼 IMF가 미친 영향은 지대했다. 현재까지도 진행 중인 IMF는 우리 사회의 시대적 패러다임에서 큰 획으로 작용한다. IMF 이전의 사회가 '지도받는 자본주의' 사회였다면, IMF 이후엔 '경제의 홀로서기 시대'를 의미한다. IMF는 더 이상 유착경제를 허용치 않는다. 철저한 시장자본주의를 요구한다. 무한경쟁에서 살아남을 것이냐 도태될 것이냐 하는 것만 구분한다. 온실 속의 자본주의가 칼바람이 부는 야생 자본주의로 탈바꿈한 것이 IMF다.

따라서 정치·경제·사회·문화 등 모든 영역에서 IMF 이후 본격적인 무한경쟁체제가 도입되었다. 시장경쟁력을 지니지 못한 제도와 시스템은 하루아침에 붕괴되었다. 언론에도 IMF 파고가 비켜 가지 않았다. 재벌이 경쟁력을 지니지 못한 언론산업으로부터 철수했다. 재벌언론의 몰락이 불가피했다. 그 틈을 언론재벌이 흡수했다. 자연스럽게 시장은 '부익부 빈익빈'이라는 양극화 현상을 빚었다. 언론이 시장지배 강자 중심으로 재편되면서 군소언론의 몰락과 도태를 초래했다.

기존 언론에 비해 물적·질적 토대가 빈약한 채 출범한 새 신문은 틈새전략을 포기하고, 기존 언론 흉내 내기에 급급함으로써 부실화를 가속화했다. 시장 경쟁력을 상실한 일부 매체는 사이비언론으로 전락했다. 언론사주는 사이비건 뭐건 개의치 않았다. 오로지 신문사 간판만 쥐고 있으면 됐다. 신문사 사주라는 사회적 직위로 하루아침에 지방권력의 유지로, 토호로 기능할 수 있는 것 하나만으로 신문창간을 기도했다.

IMF시대 창간할 새 신문에겐 무엇보다 경영과학화·합리화가 중요했다. 그 단초는 사람에 대한 투자였다. 언론산업에서 사람은 그 처음이자 끝이다. 유능한 인재가 곧 그 신문의 경쟁력을 말한다. 새 신문은 인재를 초대할 생각이 전혀 없었다. 삼고초려를 해도 시원찮을 판국에 신문창간을 하나의 권력으로 의식해 알음알이 채용, 매관매직 채

용도 서슴지 않았다.

일부 언론모리배가 주도하는 이와 같은 '신문창간 장사'에 언론을 이권으로 삼은 '불나비'가 벌떼처럼 달려들어 새 신문의 창간 기치를 높이 들었다. 새 신문의 언론사주에서 중간브로커 역할을 했던 간부, 주재기자에 이르기까지 그 몰골이 이러했다. 이런 신문이 잘된다면 그게 오히려 이상하다. 새 신문이 창간과 동시에 부실의 늪으로 전락하는 근본적인 이유는 바로 사람에 문제가 있는 탓이었다.

독자와 함께 하는 신문 창간

2000년대 이후 인터넷시대가 도래했다. 새 신문에겐 웹2.0에 기반을 둔 미디어2.0이 시대적 패러다임이었다. 신문은 그동안 일방적인 커뮤니케이션을 했다. 즉 신문은 신문인과 신문사에 의해 독점적·배타적으로 장악되었으며, 소비자는 오로지 독자로서 수용자라는 위치에만 머물렀다. 그러나 인터넷의 활성화 이후 독자는 정보의 수용자인 동시에 생산자라는 성격으로 바뀌었다. 신문 또한 독자와의 쌍방향 커뮤니케이션을 통해 독자의 참여가 불가피하게 됐다.

기존 신문은 물론 새 신문조차 이를 거부했다. '집단지성의 구현'이라는 시대적 소명을 인위적으로 거부하는 신문의 시장퇴출은 너무나 당연했다. 오늘날 신문산업의 위기 근원은 바로 여기서 비롯된다. 바야흐로 독자의 참여를 제도적으로 보장하지 않으면 신문은 시장 퇴출이라는 '언론 쓰나미'로부터 속수무책일 수밖에 없는 구조에 처했다.

새 신문은 21세기 디지털 저널리즘의 시대라는 시대적 패러다임을 자각할 필요가 있다. 어느덧 웹2.0과 미디어2.0을 넘어 웹3.0과 미디어3.0의 시대가 도도히 몰려오고 있다. 웹3.0신문이 그것이다. 웹3.0 신문이란 시맨틱 검색에 기반을 둔 맞춤형 정보를 제공하는 매체를 말한다. 신문이 수용자 개개인이 요구하는 정보를 제공하지 못하면 시장생존을 할 수 없다. 새 신문의 성공적인 창간 조건이 여기에 달려 있다. 미디어발달사를 회고컨대 새 신문은 21세기를 선도하는 매체이어야 한다.

지난 2009년 5월 13일부터 15일까지 미국 마이애미에서 열린 제79회 국제뉴스미디어마케팅협회(International Newsmedia Marketing Association) 총회에서 뉴욕시립대 저널리즘스쿨 제프 자비스(Jeff Javis) 교수는 신문 쇠락의 가장 큰 원인은 스스로 콘텐츠 회사라는 카테고리에 갇혀 독자나 광고주에 대한 서비스를 게을리했기 때문이라고 지적했다.

그는 지금의 비즈니스 현실을 타파하기 위해선 "신문이 무엇인지 재정의해야 한다"며 관계의 구조로 둘러싸인 새로운 비즈니스관을 제시했다. 그는 뉴스를 신디케이트하고 많은 부수를 찍어야 수익이 발생하는 현재의 신문 시스템을 '콘텐츠 경제'라 규정했다. 21세기의 미디어는 언제 어디서든 누구나 검색할 수 있는 네트워크 안에 있어야 그 신문사의 뉴스는 존재하는 것이고, 또한 거기서 새로운 수익모델을 창출할 수 있다고 주장했다.

자비스는 이를 '링크 경제'라 명명하면서, 콘텐츠 경제의 낡은 개념을 잊고 링크 경제라는 새로운 시대를 끌어안아야 미디어의 미래를 논할 수 있다고 했다. 그는 네트워크 경제시대에 신문사는 구글(Google)의 운영철학을 활용해 미래가치를 끌어내라고 제안했다. 곧 웹3.0에 기반을 둔 미디어3.0으로의 변신을 주문한 것이다. 이를 간과하고선 시장생존이 불투명하다는 것이 그의 논지다(오수정, 2009, 40쪽).

새 신문 창간의 성공조건은 단 하나다. 바로 시대가 요구하는 신문을 창간하는 것이다. 21세기는 디지털 사회다. 디지털 사회는 유동적 네트워크 사회다. 랜덤 민주주의가 보편화된다. 정보의 소통양식이 개인화 커뮤니티를 지향하면서 1인 미디어가 주류로 대두된다. 미디어 수용자는 정보의 생산자이면서 동시에 유통자이다(김영재, 2009, 44~61쪽).

새 신문은 이런 미디어의 환경변화를 미리 예감하고 그에 대비해야 한다. 아날로그적인 마인드와 패러다임은 하루빨리 버려야 할 때다. 저널리즘은 인터넷·모바일에 기반을 두지 않고선 설 자리가 없다. 그 특성을 얼마만큼 오프라인 매체에 녹여내는가가 21세기 저널리즘에 주어진 과제이다. 새 신문이 미디어 변화에 따른 커뮤니케이션 양식의 변화를 오롯이 담으면 시장생존이 가능하다.

이 말은 현재 새 신문을 창간하려는 예비 언론사주·CEO에게 전하는 핵심적인 메시지다. 무릇 시대가 요구하는 신문을 만들어라. 독자가 없는 신문은 유령언론이거나 쓰레기언론이다. 금쪽같은 돈을 들여 처음부터 정품언론의 탈을 쓴 사이비언론을 만들려는 언론사주·CEO는 없을 것이다. 요컨대 독자를 잡기란 녹록하지 않다. 신문보다 훨씬 더 재미있는 미디어가 넘쳐난다. 이 무한경쟁을 뚫고 독자와 함께하기 위해선 독자가 있는 곳으로 찾아가는 서비스가 필요하다. 그곳에 신문의 길이 있다.

* 참고문헌

- 강준만(1993), 『언론은 카멜레온인가』, 서울: 공간.

- 고제규(2005), 『누가 대구경북을 움직이는가』, 시사저널, 제820호, 2005년 7월 12일자.

- 구대선(2008), 『준공영제 3년, 대구 시내버스 '돈 먹는 하마'』, 한겨레, 2008년 12월 29일자.

- 김무곤(2007), 『한국사회의 미디어 지형변화와 편집』, 서울: 삼성언론재단.

- 김영욱(2008), 『2008 WAN총회 보고서』, ≪미디어 인사이트≫, 통권 제5호, 서울: 한국언론재단.

- 김영재(1997), 『현대사회와 민주언론』, 대구: 도서출판사람.

- ______(2003), 『대구경북언론사』, 서울: 커뮤니케이션북스.

- ______(2009), 『시민언론 창간론; 언론의 미래와 전략』, 파주: 한국학술정보(주).

- 김영주(2009), 『디지털 시대, '인쇄'는 과연 신문의 힘인가?』, ≪미디어 인사이트≫, 통권 제11호, 서울: 한국언론재단.

- 김태완(2006), 『심층취재, 대구』, 월간조선, 서울: 조선일보사, 2006년 3월호.

- 남재일(2007), 『지역신문 뉴스 생산조직 합리화 방안』, 서울: 한국언론재단.

– 배병화(2003), 『지방신문 해법 개혁이냐 지원이냐』, 서울: 21세기북스

– 안수찬(2004), 『TK지역주의 주민들 의식속 내면화/'황해문화' 가을호 영남지역주의 해부』, 한겨레, 2004년 8월 27일자.

– 양문석(2007), 『지역일간지의 유통과 판매현황 분석』, 서울: 한국언론재단.

– 제일기획(2008), 『광고연감 2008』, 서울: 제일기획 브랜드마케팅연구소

– 지역신문발전위원회(2006), 『지역신문 구독자 조사 보고서』, 서울: 지역신문발전위원회.

– 최경진(2004), 『지역신문 수용자 조사』, 『2004 한국의 지역신문』, 서울: 한국언론재단.

– 최연구(2003), 『르 몽드』, 서울: 살림출판사.

– 한국광고주협회(2001), 『2001 인쇄매체수용자조사』, 서울: 한국광고주협회.

– 한국언론재단(2009), 『2009 해외 미디어경영; 뉴스기업의 비상경영』, 서울: 한국언론재단.

– __________(2009), 『2009신문방송연감』, 서울: 한국언론재단.

★ 색인

김영재(金榮在)

약력

대구신문연구원 대표
월간 《대구예술》 편집장
<하나일보> 문화부차장
우리신문 창간준비위원
<한겨레신문> 대구지사 자료조사실장
<유통경제신문> 편집국 기자
한겨레신문전국독자주주모임 공동대표

저서

- 언론신서
  『시민언론 창간론』, 한국학술정보(주), 2009.
  『언론자유와 언론개혁』, 한국학술정보, 2006.
  『불교언론의 이해』, 한국학술정보, 2006.
  『대구경북언론사』, 커뮤니케이션북스, 2003.
  『조선시대의 언론문화』, 커뮤니케이션북스, 2000.
- 언론비평서
  『사람언론 희망언론』, 한국학술정보(주), 2010.
  『해바라기 언론의 용비어천가』, 글원미디어, 2003.
  『현대사회와 민주언론』, 도서출판사람, 1997.
- 글 모음집
  『기자수첩 보도일기』, 한국학술정보(주), 2010.
  『매자골 메아리』, 한국학술정보(주), 2010.
  『웹2.0과 미디어2.0』, 한국학술정보(주), 2008.

커뮤니티

- 블로그 blog.naver.com/tgpress
- 트위터 twitter.com/tgpress

지방신문 개혁론

: TK언론의 실상과 대안

초판인쇄 | 2010년 6월 5일
초판발행 | 2010년 6월 5일

지은이 | 김영재
펴낸이 | 채종준
펴낸곳 | 한국학술정보㈜
주　소 | 경기도 파주시 교하읍 문발리 파주출판문화정보산업단지 513-5
전　화 | 031) 908-3181(대표)
팩　스 | 031) 908-3189
홈페이지 | http://ebook.kstudy.com
E-mail | 출판사업부　publish@kstudy.com
등　록 | 제일산-115호(2000. 6. 19)

ISBN　978-89-268-1050-7 13070 (Paper Book)
　　　　978-89-268-1051-4 18070 (e-Book)

이담 Books 는 한국학술정보(주)의 지식실용서 브랜드입니다.